집 한 채
옮기는 남자

말은 사람을 잇고, 책은 말을 담는다.
'말그릇'은 마음을 담는 따뜻한 질그릇.
한결같이 정성을 모아 책을 빚는다.

집 한 채 옮기는 남자

한경화 수필집

말그릇

|작가의 말|

젊은 노년이 있고, 나이 든 청년이 있다. 삶은 꿈이 있는 한 늘 청년이다. 늦은 나이에 꿈을 꾸기엔 세상이 녹록지 않았다. 난 글쓰기에 새로운 꿈을 실었다. 내게 읽고 쓰기는 돈 들이지 않고 시간을 녹슬지 않게 보내는 유일한 벗이다.

밤에, 그것도 남의 차를 끄는 대리기사는 세상의 시선이 따스한 직업은 아니다. 대부분 고객은 술 취한 분들이다. 수시로 상처 받고, 자존심에 할큄을 받았다. 어찌 보면 밤은 수련하는 시간이다. 뱉고 싶은 말도 많이 참았다. 하지만 문학은 직설을 곱게 다듬어 자신을 표현하는 것이라고 배웠다. 내가 글을 쓰는 것은 진흙에서 스스로를 씻어내려는 목욕이자 정화다.

밤은 천 개의 얼굴을 가졌다. 일하다 보니 무던하게 보내는 방법을 터득했다. 고개를 숙인 밤은 무사히 지나가고, 고개를 쳐들면 세상은 불편하고 어지러웠다. 그래도 때로는 위로를 받았다. 사람에게 받은 상처는 또 다른 사람에게 치유를 받았다. 세상엔 아직 착한 사람이 더 많다고 믿고 싶다. 그 믿음마저 깨지면 내 하루가, 내 삶이 더 초라하지 않겠는가.

지금 사방은 온통 짙은 녹음이다. 아파트 앞개울에서 물놀이하는 아이들의 소리, 매미의 억센 울음소리가 합창하며 더위를 이겨낸다. 그렇게 어우러져 하나둘 견뎌내는 게 생명 붙은 자들의 숙명 아닌가.

글을 정리하면서 나의 부족함이 한없이 부끄럽다. 설익은 알곡을 시장에 내놓는 농부의 심정이랄까. 좀 더 알차게 공부하지 않은 나 자신을 책망한다. 그러면서 앞으론 더 글다운 글을 쓰기 위해 더욱 정진해야겠다는 다짐도 함께 해본다.

문광영 교수님의 지도가 있었기에 부족한 글이라도 세상에 내놓게 되었다. 진심으로 감사드린다. 정성껏 책을 만들어주신 '말그릇' 출판 김경희 선생께도 고마움을 전한다. 또 함께했던 여러 문우에게도 마음을 모아 감사드린다.

2021년 늦여름에

한 경 화

차례

작가의 말 • 4

1장

아마와 프로 • 12
집 한 채 옮기는 남자 • 16
고양이 앞에 쥐 • 20
전무님의 한숨 • 25
인생 클릭 • 29
비 오는 날의 수채화 • 33
불륜 커플 • 37
을 중의 을 • 41
겨울나기1 • 45
겨울나기2 • 50

2장

어떻게 되돌아가나요? • 56
투잡하세요? • 60
'허' 자 번호판을 신봉하는 어느 지점장님 • 63
조수석의 대리기사 • 65
위로의 꽃 • 69
비싼 기사 vs 싸구려 기사 • 73
마이웨이 • 77
그래도 살 만한 세상 • 81
말로 하는 최고의 선물 • 84
진짜 프로기사 • 88

3장

보릿고개 • 94

마이 썬 • 99

닌호아의 맥주 한 캔 • 103

명성산의 가을 합창 • 107

못다 핀 꽃 • 111

떠도는 흔적 • 116

운명인가 숙명인가 • 120

개들이 우는 사연 • 125

어머니의 빨강 머리 • 130

내 인생의 3분대 • 134

하늘나라 쪽배 • 139

덕구 • 144

강현욱 선생님 • 150

3월 풍경 • 156

경상도 아주머니 • 161

4장

정情 • 168

가람이 선생님께 • 173

풀린 매듭 • 177

홍해 바닷속은 가을이었다 • 182

까치가 물어온 편지 • 188

영원한 친구 '수' • 192

내장 들여다보기 • 198

서당개 3년 • 202

참새의 일가친척 • 207

고향 가는 추억 열차 • 211

꿈에 본 아버지 • 216

세상의 문 • 221

서울행 완행열차 • 225

사라진 소리들 • 231

아버지의 뿌리 • 235

1장

아마와 프로 •
집 한 채 옮기는 남자 •
고양이 앞에 쥐 •
전무님의 한숨 •
인생 클릭 •
비 오는 날의 수채화 •
불륜 커플 •
을 중의 을 •
겨울나기1 •
겨울나기2 •

아마와 프로

"아! 돈 벌기 힘들어. 너무 힘들어. 세상에 쉬운 일은 없어."

울부짖는 소리가 마치 북극의 굶주린 늑대 같다. 그 늑대는 스타렉스 미니버스 맨 뒷자리 귀퉁이에 앉는다. 30대 초반, 칼바람 부는 길거리 추위에 그는 몸서리쳤을 듯하다. 추위가 유난했던 1월의 어느 날 새벽 2시가 넘은 시간. 쳐다보는 사람도, 고개 숙이고 핸드폰에 열중인 사람도 모두 대리기사다. 각자의 집으로 가려고 승합차를 기다린 사람들이다.

겨울 삭풍은 싫다 못해 무섭기까지 하다. 바람막이가 되는 곳은 다 찾아 든다. 셔틀이 오기를 손꼽아 기다리며 한길에 서성였던 사람들. 그들 대부분이 서울에서 위성도시로, 변두리 도시에서 또 다른 변두리로 온 기사들이다. 만약에 이번 셔틀을 못 타면 40분을 또다시 기다려야 한다.

늑대처럼 울부짖은 30대 남자의 절규를 나는 이해한다. 누구를 원

망하는 것이 아니고 자신의 능력이 부족하여 삶이 힘들다는 푸념이자 울화통이다. 하찮은 일, 몸으로 때우는 일이건만 치열한 경쟁은 또 다른 상처가 된다. 잽싼 자가 먹이를 더 차지하는, 그 또한 한밤의 전쟁터다. 그러니 셔틀을 기다리면서도 자신의 처지를 얼마나 비관하고 한탄했을까.

12인승 승합차는 때론 정원을 훨씬 넘겨 태운다. 동병상련同病相憐, 서로 처지가 비슷하니 불평과 불만을 목으로 삼킨다. 대리기사의 밤은 열악하다 못해 가혹하다. 난 이 일을 하면서 삶에 대해 이전에 느끼지 못했던 것을 세밀하게 들여다보게 되었다. 보는 것과 실제 경험하는 것은 많은 차이가 난다는 사실도 피부로 느꼈다. "보이는 것과 실제하는 것에는 큰 괴리가 있다"고 셰익스피어가 말하지 않았던가.

대리기사로 세 번째 겨울을 보내고 봄이 오는 길목의 깊은 밤이었다. 집 방향으로 가는 셔틀을 탔을 때다. 정원 열두 명이 가득 탄 승합차에서 일행 중 두 사람이 시끄럽게 떠들었다. 한 사람은 대리기사를 한 지 이제 열흘 되었다고 하고, 또 다른 사람은 일 년쯤 된 경력자로 보였다. 바둑에서 고수는 하수를 내려다본다. 하기야 그게 어디 바둑뿐이겠는가. 스스로가 자랑스럽지 않은 오래된 기사는 별말이 없고, 남들 얘기를 줄곧 듣기만 한다. 대리기사로서 겪었던 울분, 고통, 서러움 그리고 즐거움 모두가 몸에 젖어 이골이 난 때문이다. 그러기에 누구 말에 거들려고 하지 않고, 속으로만 '다 그래. 이럴 때도 있고 저런 때도 있는 거야.'라는 자조적인 냉소를 삼킬 뿐이다.

갓 열흘 된 초보가 불륜 남녀의 차를 끈 모양이다. 그런데 그 기사는 손님의 이야기에 끼어들었단다. 못 들은 척, 모르는 척해야 하는데…. 눈치 없이 커플 사이에 끼어들었단다.
"할 수만 있다면 인생을 즐겁게 살아야지요. 조선시대가 아니잖아요."
그들의 이야기가 낯간지러웠는데, 더 간지럽게 옆구리를 찔러 부추겨주었다고 혼자 싱글벙글이다. 원래 목적지보다 조금 더 연장해 갔는데 4만 원을 주더라고…. 기분이 업된 듯, 이 일을 계속하면 재미있겠다고 떠들어 댄다. 아마도 그는 열흘 동안 재미있는 일만 겪었는지 모른다. 좋게 생각하면 그는 복 받은 사람이다. 아니면 그의 적성에 맞는 일인지도 모른다. 나는 그에게 이렇게 말해 주고 싶었다.
'겪어 봐라. 그들은 불륜의 초보자들이야. 초보자들은 대개 더 주지. 기분 좋고 황홀하기 때문이야. 그뿐이 아니지. 그들 비밀에 대한 입막음의 조건도 포함된 돈이야. 하지만 조금 시간이 지나 봐. 그 사랑이 정점에 도달하면 그들도 짠돌이로 변해. 그때가 되면 당신도 알게 될 거야. 대리 경력이 쌓였다고….'
1년쯤 된 경력자도 더 많은 경력이 쌓이면 입 다물고 듣기만 하는 이력자가 되리라. 어디 가나 빈 수레가 요란하다.
돈 벌기 힘들다고 울부짖던 기사. 그건 매서운 추위에 떨며 승합차를 기다린 불만의 폭발이다. 하지만 그도 점점 기사 경력이 쌓이면 울부짖지도 않고, 기다림이 무엇인지, 참는다는 것이 어떤 것인지 깨닫지 않을까. 삶이란 하루하루 비탈길을 걸으며 하나둘 깨달아가는 긴 여정이니.

  눈을 지그시 감고 피로를 풀고 있는 기사는 완전 프로다. 오늘 있었던 울분을 삭이는 기사도, 일을 못해 서운한 기사도 눈을 감은 채 집으로 간다. 밤을 잊은 우리들. 각양각색의 숨소리가 승합차 안을 가득 채운다. 누구의 것인지 구별조차 안 되는 숨소리로.

집 한 채 옮기는 남자

어느 블로그 기사를 보았다. 한국인 남편과 사는 일본인 아내의 한국살이 이야기였다. 그 부부는 기자인데 특히 택시 이야기가 눈길을 끌었다.

일본에서는 택시 기사가 운행 중에 손님에게 먼저 말을 걸지 않는단다. 하지만 한국에서는 먼저 말을 건네는 일이 흔하다는 내용이다. 기사를 읽으며 나름 생각이 스쳐간다. 손님의 기분이 어떤지도 모르고 이야기를 건넨다면 실례가 되지 않을까. 하지만 말을 거는 기사의 입장은 또 어떨까. 서먹한 분위기를 깨기 위한 일종의 서비스로 생각할 수도 있지 않을까. 어느 공간에서든 말이 없으면 적막하고 서먹서먹해 몸둘 바를 모른다. 적막을 깬답시고 실없는 소리를 하는 것 또한 실례인 경우가 많다. 그러니 손님 분위기를 살펴 적절히 대응하는 게 프로기사의 내공內工이다.

블로그 글을 읽으며 대리운전을 하는 나 자신을 돌아보았다. 택시

기사와 달리 나의 고객은 대부분 술 마신 사람이다. 그렇다 보니 사람뿐이 아니고 차량까지 운반해 주어야 한다. 한잔 술에 편하게 쉬고 싶을 텐데 나 역시 말을 걸었던 적이 있어 뜨끔했다. 어느 대리기사의 불평이 생각난다.

"말하면 말한다고 탓하고, 말 없으면 왜 말이 없느냐 시비 걸고."

그러니 어쩌면 좋으냐고 하소연하는 그는 기사 생활 5년째란다. 나도 그랬다. 말없이 운행하면 빈 절간 같고, 또 너무 말을 많이 하다 신호를 놓치기도 했다. 다행히 바퀴는 둥글어 어떻게든 우리네 인생처럼 굴러다닌다.

술에 취한 손님들은 다양하다. 자신의 치부를 다 드러내는 사람부터 폭넓은 교양이 윤슬처럼 반짝이는 사람까지. 골동품 같은 차부터 몇 억 원씩 나가는 차까지. 문명의 발달로 내비게이션이 길 찾기에 한몫하긴 하지만 정확도는 떨어진다. 특히 손님 집 가까이에서는 헤매기 일쑤라 손님의 도움 없인 힘들 때가 많다. 그런 경우 손님이 잠에 빠지면 난감하니 일부러 말을 걸기도 한다. 설사 내가 말하고 싶지 않을 때도. 그건 정상참작이 필요한 특수상황이니까.

어쩌다 하게 된 일, 그것도 취객을 상대해야 하는 일은 쉬운 일이 아니다. 시간마저 잠들고 싶은 늦은 밤, 나는 대낮처럼 정신을 차리고 깨어 있다. 술에 취한 모습도 각양각색이지만 대부분 한잔 술에 간이 거나하게 부어오르기에 나는 매번 간을 집에 두고 나와야 했다. 가끔 트집을 잡는 손님이 있지만 거기에 내 인격을 휘둘릴 필요가 없었다. 무례의 주범은 사람이 아닌 술이었으니까. 시간이 지나면서 그런 사람들에겐 오히려 측은지심이 생겼다.

옛날에는 차종에 따라 손님의 사회적 지위나 재산 정도를 알 수 있었다. 그러나 요즘은 보통 서민도 외제 자동차를 타는 일이 흔하다. 그렇다 보니 차별화를 원하는 강남 부자들은 슈퍼 럭셔리카를 구입한다. 그런 차를 운행하는 일은 마음에 늘 부담이다.

어느 날, 주차를 끝내니 40대 젊은 손님이 수고비를 주며 물었다.

"이 차 가격이 얼마인지 아세요?"

대답이 내키지 않아 잠시 주춤하고 있는데 그가 묻고 그가 답했다.

"2억 5천만 원이오."

'나 이런 사람이오' 하는 표정이 보안등 불빛에 뚜렷했다. '억' 대라는 짐작은 했지만 그 말을 듣는 순간, 내 속에서 '억' 소리가 났다.

"어이구 손님, 그렇게 비싼 차라니 영광이네요."

변두리 집 한 채 값이었다. 그 손님이 나중에 말해 준 게 고마울 정도였다. 미리 알았다면 집 한 채를 끙끙대며 옮기느라 그 중압감에 얼마나 힘들었을까. 세상이 고르지 않다는 말은 굳이 하고 싶지 않았다. 자본주의 속성이 으레 그런 거니까.

생각해보면 허름한 방 한 칸은 수도 없이 옮겼다. 그 착한 차주들은 울퉁불퉁 우왕좌왕 세상살이를 꺼내었다. 그때마다 큰형님처럼 성의껏 그들의 고단함을 거들어주었다. 크고 작은 빌라 정도를 끌고 다니는 차주들도 피곤한 어깨를 기대어 오곤 했다. 역시 살갑게 리

액션해주며 인생 선배로서 격려도 해주었다. 그렇게 매일 밤, 그들과 그들의 재산을 지켜 주는 일은 어쩜 대리기사만의 독보적인 영역이 아닐는지.

  오늘도 나는 희로애락 술에 취한 그들을 만나러 밤거리로 나선다. 어깨 편 자부심이 밤하늘의 별처럼 저만치서 반짝인다.

고양이 앞에 쥐

　8월 중순, 흔치 않은 장마다. 간간이 구름 사이로 내민 햇살이 반갑다. 구질구질한 비가 아니고 화끈한 소나기의 연속이다. 잠시 그쳤다 다시 내릴 때는 양동이로 물을 퍼붓는다. 난 화끈한 소나기가 좋다. 권투 경기에서 화끈한 공격에 얼굴이 일그러지도록 얻어맞고 바닥에 쓰러진 선수를 내려다보며, 빨강 글러브를 번쩍 치켜든 채 포효하는 짐승처럼 내린 소나기다.
　콜을 받고 손님을 찾아가게 된 그날 밤도 소나기가 쏟아졌다. 빗발이 너무 거세 발걸음이 주춤했다. 그리 멀지는 않지만 변두리여서 손님이 기다려주겠다는 언약을 받아야만 한다. 만약에 손님이 가지 않겠다면 나만 헛수고 아닌가. 다행히 빨리 통화가 되고 기다리겠다는 약속까지 받았다. 비록 기본요금이지만 첫 콜을 놓치지 않아 기분이 산뜻했다.
　그곳으로 가는 시내버스는 한 개 노선뿐이다. 손님이 기다리는 곳까지는 12분이 걸렸다. 두리번거려도 기다리겠다는 손님이 보이지 않았다. 전화도 받지를 않았다. 어쩌다 연결이 되면 끊기를 계속했다. 약속해 놓고 거절하는 태도에 참으로 불쾌했다. 대리기사 부르는 게 무슨 심심풀이도 아니고…. 갑자기 사정이 생겨 출발하지 못할 경우라면 걸려온 전화라도 받고 자초지종을 말해야지. 왕복 2,200원에 불과한 교통비지만 그보다는 되돌아가기까지 40여 분이나 소비된다는 사실을 손님은 알고 있었을까. 이건 대리기사의 시간을 흐르는 빗물쯤으로 여기는 행위였다. 흘러가면 흔적도 없어지는 그런 빗물. 보상은커녕 하소연할 곳이 없다. 힘없는 잡초는 여기서도 밟힌다. 짧은 시간이나마 남의 차를 끌어다 주는 대리기사. 첫 번째 손님에게 당하니 자존심마저 꺾였다. 야속한 비는 여전히 퍼부었다.

두 번째 콜이다. 버스 길에서 넓은 골목으로 빠져 한참을 들어오란다. 뒤뚱거리는 걸음으로 발걸음을 재촉했다. 요즈음 무릎이 시큰거리고 아파서 뛸 수가 없다. 가는 도중에도 손님의 독촉 전화가 빗발친다. 기다리고 있으니 빨리 오라고. 굵은 빗줄기가 쏟아지는데도 비지땀이 등줄기를 탄다. 조그만 생맥주 가게다. 사십 대 초반의 여주인이 문밖에서 기다리고 있다. 손님을 빨리 내보내고 싶은 주인의 조바심이 읽힌다.

"많이 취하셨나 봐요?"

"네, 좀 그렇긴 해도 정신 멀쩡한 사람도 있으니 괜찮을 거예요."

손님에게 받아온 차 키를 내게 건넨다. 전자키 버튼을 누른다. 50m 거리에서 비상등이 윙크한다. 외제 푸조다. 시동을 미리 거는 건 빨리 나와 달라는 무언의 신호다. 10분이 지나고 20여 분이 다 되어 가는데도 나올 낌새가 보이지 않는다. 은근히 부아가 치민다. 기다리고 있다고 독촉까지 했으면서 출발을 이렇게 늦추다니…. 분명 장아찌처럼 술에 찌들었겠지. 경험상 이런 손님은 대개 문제를 일으킨다. "그래, 이 손님은 포기하자." 나는 시동을 끄고 문을 잠근 뒤 차 키를 가게 주인에게 되돌려준다.

"저는 기다릴 만큼 기다렸습니다. 운행을 포기하겠으니 다른 기사를 부르세요."

자신들의 시간은 중요하고 만만한 대리기사들의 시간은 안중에 없다는 행동이다. 두 번째 부름도 허탕이다. 벌써 열한 시가 다 되어간다.

오늘은 왜 이리 풀리지 않는 걸까. 아무래도 이 밤은 일진이 좋지 않은 듯하다. 그래도 포기하지 말자며 정신을 가다듬는다. 짧은 거리 두 콜을 운행했다. 그런 뒤 클릭 된 곳은 입소문이 난 모텔에서 신도시 ○○으로 가는 콜이다.

이런 경우 대리기사는 청소부다. 사랑하고 돌아가는 연인들의 발길을 흔적 없이 지우며 간다. 돌아가는 경유지가 멀다고 투덜거리지 않을 것이고, 반쪽이 내리는 곳까지는 얼굴 일그러지지 않게 조심조심 운전할 것이다. 그런 후 반쪽이 내리면 버린 시간을 보충해야 한다. 신호 위반까지는 할 수 없지만 최대한 운행 시간을 줄여야 한다.

가끔 있는 일이지만 다른 대리기사가 운전하는 차를 따라가야 하는 경우가 있다. 난 그들을 따라가기가 버겁다. 과속하며 난폭하게 끼어들기 등의 운전은 따라 하고 싶지 않다. 그런데 반쪽이 내린 이후 운행은 그들과 똑같이 하게 되었다. 무리한 끼어들기. 나 홀로 커브 길에서는 차선 중간 타기, 감시 카메라 없는 곳에서는 과속하기 등 시간을 줄이기 위한 모든 수단을 동원했다.

목적지 아파트에 들어선다. 손님은 계속 안으로 들어가라고 다그친다. 낭랑한 목소리. 자지 않고 지켜본 음성이다. 지하 주차장 입구에 다다르자 자신이 주차하겠다고 한다. 차에서 내린 손님은 지갑을 꺼내면서 송곳 같은 질문을 던진다.

"운전하신 지 얼마나 되셨지요?"

질문 받는 순간 액셀을 밟았던 오른발 오금이 저려온다. 도둑이 제 발 저린 꼴이다.

"주행 중에 불편하시면 말씀하시지 그러셨어요."

대답은 하지 않고 몹시 못마땅한 표정으로 재차 찔러댄다.

"평소에도 운전 습관이 그렇습니까?"

'~까'에 힘을 주는 손님. 난 그만 고양이 앞에 쥐가 되고 만다. 이런 때 다른 기사들은 손님에게 이렇게 양해를 구한다.

"사장님, 저희 일은 시간 떼기여서 그렇습니다. 조금만 이해해 주십시오."

하지만 난 차마 그런 말이 나오지 않는다.

평소 하지 않던 짓, 어쩌다 나쁜 짓을 하면 꼭 발각된다. 내가 지금 딱 그 꼴이다. 평소 손님들에게 얌전히 운전한다는 말을 자주 듣는데…. 지금 이 꼴이 뭐람. 요금을 더 받지 않고 반대 방향으로 한참 돌아간 시간을 보충한다는 것이 그만…. 몇 푼 돈에 좁쌀로 변해 버린 내가 너무 부끄럽다. 이 자리를 빨리 벗어나고 싶었다.

"죄송합니다. 조심히 들어가십시오."

비도 눈치가 있는지 다행히 뒤쪽에서 몰아친다. 우산으로 나의 뒷모습을 가리며 발걸음을 총총댄다. 오늘은 일을 그만 해야겠다는 생각이 낙숫물처럼 가슴에 스민다.

'그래, 그만 들어가자.'

마음이 밤안개처럼 축축하다.

전무님의 한숨

"기사님, 돈 잘 버세요?"
'웬 뚱딴지같은 돈타령이실까.'
잠시 침묵이 흐른다. 손님이 묻는 말에 대답조차 귀찮다. 몸과 마음이 무거우면 말도 천근이다. 그래도 차 주인 아닌가. 마지못해 비위를 맞춘다.
"그랬으면 좋겠지만 놀 수 없어 하고 있어요."
"…."
차창을 때리는 바람 소리가 그악스럽다. 악을 써대며 내달리는 견인차 소리가 우리 대화의 빈공간을 대신 채워준다. 차주의 속내가 궁금하다. 어떤 말을 할까 슬쩍 곁눈질해보니 고개를 푹 숙이고 있다. 차주가 뚝배기 같은 투박한 말을 이어 던진다.
"술을 잘 안 하는데, 속상해 한 잔 마셨어요. 냄새 많이 나지요?"
토해내는 한숨이 길다. 어떤 속상한 일이 있기에 마음속이 저리 심란할까. 이럴 때 누가 그의 마음을 어루만져 줄 수는 없을까. 술이 그를 잡아당겼을 것이다. 표정으로 보아 돈 문제라는 느낌이 든다. 아니면 직장에서 해직 통보라도 받았을지도 모른다.

가장이라면 누구나 자식이 대학에 갈 나이쯤이면 경제적으로 힘든 시기다. 지금 이 차주도 딱 그 시기다. 그가 속내를 털어놓는다. 누구나 털면 우수수 쏟아지는 나름의 속내를.

조그만 회사의 전무란다. 월급은 500만 원으로, 대기업에 다니는 일반 사원 월급보다도 더 적다고 한다. 한데 그마저도 사장이 50만 원 줄이자고 했다는 것이다. 100만 원의 판공비가 따로 주어진다지만 그것만으로는 참으로 어렵다고 한다. 사장과는 오랜 세월 함께 일을 해온지라 그 제안을 뿌리치기 힘들다고 했다. 말끝마다 한숨이 더 길어진다.

월급이 적다 보니 이전부터 그만두고 싶다는 말을 했다고 한다. 그러나 그때마다 사장은 참고 더 해보자고 만류했고, 그 만류를 차마 거절할 수 없었다고 한다. 아니, 한편으론 만류해 주는 것이 고맙기조차 하단다. 그만둔다 한들 딱히 갈 곳도 없으니…. 그의 처지가 내 처지와 닮았다 싶으니 왠지 딱하다. 직장이 전쟁터면 직장 밖은 지옥이라 하지 않나. 왜냐고 물으니 기술이 없단다. 그렇다고 사업할 돈도 없고. 속으로는 아주 잘리지 않는 것만도 다행이라는 생각이 든다고 한다. 회사의 어려운 사정을 알기에 업무 시간만큼은 최선을 다해 열심히 일했다고도 한다. 회사의 상황도 알고, 사장의 마음도 헤아리지만 월급을 깎자는 말에 가슴이 철렁 내려앉았단다. 어깨는 더 무거워지고. 사장의 월급이 얼마나 되나 궁금해서 묻는다. 800만 원 정도란다. 작은 회사는 사장에서부터 사원까지 모두가 어렵다. 어디 작은 회사뿐인가. 세상의 걸음걸이는 늘 무겁고 휘청댄다.

외모로 봐서는 중후한 사장님 타입이다. 사는 곳도 괜찮은 신도시에 있다. 궁금증이 혀를 자극한다.

"사모님도 어떤 벌이를 하고 계실 것 아닙니까?"

"어딜 다니기는 하는데 수입이 얼마나 되는지 모르겠어요."

"그래도 200에서 250은 보태지 않겠어요?"

잠시 침묵이 흐르다가 그가 툭 던진다.

"그렇게만 되면 좋겠지만…. 까먹지 않으면 다행이지."

말끝이 흐려진다. 어느새 목적지에 왔고, 나는 구형 SM5에서 내린다. 차에서 내리는 나에게 대리비를 더 못 주어 미안하다며 천 원짜리 한 장을 보탰다. 그마저 받기가 너무 미안했다. 눈 속에서도 피운다는 작은 꽃, 복수초 노루귀 너도바람꽃…. 마음이 아리다.

세상살이, 나오는 게 한숨 아닌가. 이럴 수도 저럴 수도 없으니…. 그의 한숨이나 내 한숨이나 길이가 엇비슷하지 않나 하는 생각이 들었다.

어느 가정에서나 애지중지 키우는 란蘭이 있다. 난초가 꽃을 피울 때는 두 가지 경우가 있다고 한다. 첫째는 생이 왕성할 때이고, 둘째는 영양 상태가 좋지 않을 때 번식을 위해 마지막 혼魂을 피운다고 한다. 아마 차주는 후자일 게다. 자식들에게 모든 영양분을 내주고 자신은 마지막 혼을 피우는. 그래도 그 고통을 견디고 꽃을 핀다니, 그의 꽃도 난처럼 피어나기를 간절히 빈다. 어둠속에서 반짝이는 별들이 참 곱다.

인생 클릭

삐쩍 마른 왜가리가 낚시를 한다. 가로등 켜진 안양유원지 삼성천에서. 조그만 모래 둔덕 사이 흐르는 물가에서 클릭하는 모습이 어쩌면 그리도 나를 닮았는지. 한 건의 클릭을 위해 나는 자주 허탕을 친다. 녀석도 그런 경험이 많은지 아주 신중한 자세로 헤엄치는 고기를 응시한다.

그러다가도 낚시질이 잘 안 되면, "걔~욱 걔~욱" 울어대며 골짜기 끝으로 올라가기도 한다. 골짜기는 굵은 돌과 이끼 낀 바위가 많아 물 흐르는 소리가 요란하다. 그 물소리가 길잡이인지 아니면 골짜기 따라 켜져 있는 가로등과 음식점들의 화려한 불빛이 길잡이인지 나로서는 알 길이 없다. 어쨌든 어둠을 깔고 잘도 날아간다.

왜가리 녀석의 눈은 첨단 카메라 렌즈처럼 밝은가 보다. 골짜기 끝에는 큰 저수지가 있다. 그곳에 혼자 있는 짝을 찾아 내려오면서 우거진 숲우듬지에 걸리지도 않고 잘도 피해 다닌다. 앞서 나는 놈이 잘 따라오는가 확인하려고 걔~욱거리면, 뒤따르는 놈은 염려 말라고 걔~욱거린다. 큰길을 건너 아파트 숲 사이 개울을 따라 넓은 안양천으로 천천히 날아간다. 그 모습이 연인처럼 다정하다. 배는 고플망정 짝을 챙기는 그 마음만은 사람이나 짐승이나 뭐가 다르겠나.

 이놈들을 친구처럼 눈여겨본 지 어언 3년이 넘는다. 두어 쌍쯤 되어 보이는데 모두 말랐다. 먹이가 풍족하지 않다는 증거다. 비가 오면 골짜기는 흙탕물이 흘러내리고, 길바닥에서는 오염된 물이 흘러든다. 물고기들이 살기 좋은 조건은 아니다. 또 물살이 급해 작은 물고기들은 떠밀려 간다. 개천의 실상이 이렇다 보니 물고기들이 많지는 않다. 그러니 왜가리들은 틀림없이 배고픔에 시달리고 있으리라. 굶주린 깃털은 윤기도 없다. 먼지를 뒤집어쓴 듯 잿빛을 띨 뿐이다. 언제나 바짝 마른 장작처럼 보였다. 꼭 나처럼. 그래서 때로는 삼성천 왜가리들에서 나를 본다.

 대체 이놈들은 넓은 하천을 두고 왜 이 좁은 삼성천을 자주 찾을까. 늦은 밤까지 낚시하겠다고 버티는 것은 체면도 뭐도 다 버리고 살겠다는 몸부림인지 모른다. 하긴 나도 그렇다. 클릭 한 건 더하기 위해 새벽까지 유흥장 주변을 쏘다닌다. 그러니 우리는 비슷한 처지다. 이심전심, 나는 그 맘을 아는데 왜가리도 내 마음을 알까.

 가만 보니 이들은 터줏대감이 많은 안양천에서 밀려난 듯하다. 힘센 놈들이 좋은 길목 다 차지하고 있으니 어쩔 수 없이 이곳저곳을 기웃거리다가 밤낚시로 주린 배를 채우려는 것이다.

낚시하는 말라깽이의 모습을 지켜보다가 고기를 낚아채는 순간을 나는 '클릭'이라고 이름했다. 내가 일감을 낚아채는 행위와 똑같기 때문이다. 그 짧은 시간의 생존 다툼. 왜가리 낚시꾼은 직접 클릭을 하고 나는 간접 클릭을 한다. 중간 매개자가 띄워 올린 일감을 스마트폰 화면에서 클릭하고 그 일감을 찾아가기 때문이다. 낚시꾼도 대리기사도 클릭의 순간을 위해 온 정신을 집중해야 한다. 한순간을 위해, 많은 시간을 기다려야 하는 너와 나. 너는 왜가리. 나는 대리운전 기사. 우리는 모두 클릭으로 생계를 이어가는 힘없는 족속이 아닌가.

너희들이 이동할 때는 날갯짓을 하지만 나는 날 수 없으니 뛰거나 걸어야 한다. 똑같은 육체노동이다. 그리고 일순간, 낚아채는 순간은 온 정신을 집중하는 노동이다. 모든 생물의 삶이 그러하겠지만 우리의 삶도 하루하루 늘 숨차고 버겁다.

또한 저들과 나는 날씨에 민감하다. 언제나 밖에서 일하기 때문이다. 지붕은 구름이고, 불어오는 바람은 어찌할 수 없어 그대로 맞선다. 비라도 추적추적 내리는 밤은 더 처량하다. 흠뻑 비 맞은 꼴은 구겨진 삶의 자화상이다. 동정받기 딱 알맞은 모양까지 왜가리와 나는 어찌 이리 닮았는지. 그런 밤은 처마 아래서, 나뭇가지 밑에서 온몸을 움츠리고 별빛이 들기를 간절히 기도한다. 그래도 별빛이 맑은 밤은, 발아래 떠 있는 별을 쪼아 보고, 달도 쪼아 보는 여유를 부린다. 나 또한 어쩌다 운수 좋은 날, 멋스러운 손님이라도 만나면 술이라도 한잔 마신 기분이 되어 마음에 달이 뜬다. 그런 밤은 구겨진 마음 활짝 펴고 나 자신을 다독거리며 내가 나를 위로한다. 때론 손님과 재미난 이야기를 나눌 때가 있는데 그런 날은 액셀러레이터 밟는 것이 풍선처럼 가볍다.

안양천과 삼성천이 삶의 터전이 되어버린 너. 한강 언저리까지 갔다가 되돌아오는 너. 너도 낯선 길은 두렵겠지. 그건 나도 그래. 아는 길이 편해. 손님도 찾기 쉽고 빠르니까. 그러나 어쩌겠어. 클릭이 안 되면 먼 길도 가봐야지. 난 네가 남 같지 않아. 어쩌면 우린 전생에 같이 살았을지도 모르지. 아주 다정한 친구처럼.

벌써 12월 초순 토요일이다. 추위가 성큼 다가왔다. 두꺼운 점퍼를 입고 차가운 바람을 피해 으슥한 처마 밑을 찾는다. 늦은 시간 손등이 시리다. 유원지는 사람들의 발길이 끊겨가고. 갈 길이 바쁜 자동차는 바퀴 굴림이 빨라진다. 나도 돌아가려고 냇가 갓길을 종종걸음 친다. 때마침 너는 짝을 찾아 저수지 쪽으로 가는구나. 토요일 밤이 쓸쓸히 깊어 간다.

비 오는 날의 수채화

비 오는 날을 좋아했다. 바람 없이 비만 주룩주룩 내리는 그런 날은 더 좋았다. 굵은 장대비는 세상의 모든 것을 씻어주고 가랑비가 내릴 때는 모두를 잠재워 주는 것 같았다. 마음의 평화를 주는 비를 나는 무척 좋아했다.

대리기사를 하면서 비 오는 날이 싫어졌다. 비 오는 날, 주인 잃고 먹을 것을 찾아 거리를 배회하는 개를 보라. 그처럼 초라한 모습이 또 어디 있을까. 비를 맞으면서까지 쓰레기 봉지를 기웃거리는 모습이 마치 나를 보는 듯하다.

그런데 비를 맞지 않으려면 건물 입구를 찾아 헤매야 한다. 어떻게든 자리 잡고 핸드폰을 열심히 들여다본다. 공교롭게도 그런 날은 가고 싶지 않은 곳들만 콜이 뜨는지…. 마음이 내키는 대로 하다 보면 시간은 지체되고, 콜은 끊어질 시간이 가까워진다. 그럴 땐 문득 이런 생각으로 나를 다잡는다.

'너 지금 뭐 하는 거냐? 비 구경 나왔냐? 무조건 움직여라.'
가끔은 이런 생각도 든다.
'이럴 때 아내는 나를 생각이나 하고 있을까?'
난 밤이 되면 말없이 집을 나온다. 그러니 비 온다 해서 동정을 더 보태지도 않을 것이다. 혹여 우산 들고 열심히 뛰는 내 모습을 본다면 응원은커녕 나를 비방할지도 모른다. 자기하고 한마디 상의도 없이 돈 다 없애 버린 기억을 더듬으며 악담을 하는 건 아닌지.
"꼴좋다. 더 뛰어라. 그렇게밖에 못 뛰겠니?"
아니, 더 큰 악담도 뱉을지 모른다.
"당신은 고생을 더 새빠지게 해야 해."
누구나 안에 상처 몇 개씩은 보듬고 산다. 나 역시 상처 수를 헤아리려면 열 손가락도 모자란다. 어쩌겠나, 그게 삶이고 운명인 걸. 누구나 짊어져야할 삶의 무게인 걸.
아내는 이런 나를 안쓰러워할지도 모른다. 하지만 내 머릿속은 부정적 생각이 회오리칠 때가 있다. 삶이 나를 속이는지, 내가 삶을 속이는지 수시로 헷갈린다.
비가 세차게 내리는 날은 더 난감하다. 비 오는 날은 운전하기가 어려워 술꾼들은 더 대리기사를 찾는다. 기사들도 운전하기 어려운 것은 마찬가지다. 한 손에 우산 들고, 다른 손은 스마트폰 들고 전화라도 하게 될라치면, 손이 하나 더 있었으면 싶다. 비 바닥을 뛸 때는 마음도 비로 젖는다. 움푹 파인 곳에 발을 디디면 발은 완전히 벌창이 되고, 우산은 덜렁 머리만 가려준다. 온통 젖은 몸은 꼭 물에 빠진 생쥐다. 그 추한 모습을 아는 사람이 볼까 비 오는 밤이 두렵다.

솔직히 숨어서 일하고 싶었다. 다른 일도 찾을 수도 있었다. 처음 발을 들여놓았을 때 당장 그만두고 싶었다. 하지만 대리기사 일을 하니 낮 시간을 활용할 수 있어 좋았다. 책 읽고 습작하다가 대리기사들의 희로애락을 글로 써보고 싶었다. 이 세계에서도 다른 사회처럼 경쟁이 치열하다는 것을 알게 되었으니까.

당신이 만약 대리기사라고 생각해 보라. 콜센터의 무한 경쟁으로 기사들만 혹사당하는 현실을 마주할 것이다. 손님은 손님대로 기사들을 대하는 태도가 안하무인이다. 요즘 젊은 사람들은 기사를 부를 때 두세 군데 전화해서 먼저 오는 기사에게 차를 맡긴다. 조금 늦게 도착한 기사는 닭 쫓던 개꼴이 된다. 때로는 택시를 타고 갔는데도 허탕이다. 그럴 때 돌아서는 기사의 심정은 참담하다 못해 비애悲哀를 느낀다.

지금 이 글을 쓰고 있는 시간은 오후 4시다. 책상 위 핸드폰이 진저리를 친다. 문자가 왔다는 진동이다.

"열심히 살겠습니다. 도와주십시오. 한잔 하시면 서울 경기 어디라도 만 원 1577-0000."

홍수처럼 쏟아지는 문자들. 그리고 개념 없는 콜센터 업주들. 그들 대부분은 대리운전을 하다가 콜센터를 연다. 어제까지만 해도 같은 기사였는데, 오늘은 업주로 변신해 살 떨리는 경쟁을 부추긴다. 손님 역시 때로는 속이고 때로는 속는다.

　기사가 만 원을 받았을 때 보통 6,000원이 남는다. 그 돈을 벌려면 최소 한 시간 이상이 소요된다. 또 손님들은 손님대로 만 원이라는 문자에 혹해 불렀는데 막상 내릴 때는 더 달라고 하니 욕설을 하고 불만을 토로한다. 광고 문구는 전혀 생각해 보지 않는 업주들. 난 차라리 이렇게 하라고 권하고 싶다.

　'여러분의 안전한 귀가를, 최소의 비용으로 도와 드리겠습니다.'

　이런 광고라면 기사도 손님도 시비가 없지 않겠는가.

　비 내리는 날을 좋아했던 나. 대리기사 하기 이전처럼 비를 좋아하는 날이 올까. 차츰 비 오는 밤이 익숙해지고 다시 좋아하게 되는 날이 올 것이라고 애써 믿는다. 장대비든 가랑비든, 주~욱~죽 내리는 비를 바라볼 수 있는 그런 여유로움을. 그날의 소망을 다시 기다린다. 아마도 그날은 대리기사 일을 그만둘 때일 것이다. 사람은 나이 들어가며 다른 형태의 소망을 갖는다. 나도 비 오는 날에 그러고 싶은 나만의 소망을 품고 있다. 화려하지 않더라도 내가 그리는 나만의 수채화를.

불륜 커플

"잊어줘! 나도 잊을게."
"…."
여자의 속삭임에 남자는 무응답이었다. 여자가 다시 읍소泣訴했다.
"내 생각도 다 지우고."
"아무 소리 말고 그냥 자라니까. 집 앞에서 내려줄게."
남자 역시 귀엣말로 속삭였다. 특히 신호대기 시간에 속삭이는 소리는 적나라하게 들렸다. 첫사랑보다 더 달콤한지, 눈도 귀도 다 먼 듯했다. 앞좌석 운전자는 아예 로봇 취급했다.

언젠가 TV에서 보았다. 칠레에서는 남자 인구가 여자보다 적기 때문에 처녀가 아이를 가지면 자랑을 하고 다닌다고 한다. 내게도 남자가 있다는 자랑이란다. 그만큼 사랑을 하면 자랑을 하고 싶다는 이야기일 게다. 사람은 누구나 갖고 있는 걸 보여주고 싶어 한다. 돈과 명예, 권력과 인기도.

궁금해도 뒤를 돌아볼 수 없다. 그건 대리기사의 숙명적 예의다. 호기심을 못 참겠으면 백미러로 슬쩍 보면 된다. 그것도 잽싸고 감쪽같이. 하지만 그러고 싶지 않았다. 그까짓 것! 호기심도 사라진 지 오래다.

밤마다 많은 사람을 만난다. 듣고 싶지 않은 대화도 들린다. 귀담아두고 싶은 말은 하나도 없다. 그저 들리는 대로 차창 밖으로 내던져 버린다.

오늘 이 손님들은 이별 준비를 하는 것 같았다. 별별 사람들을 다 태우고 다니다 보니 그저 그런 손님이겠거니 생각하고 넘겼다. 커플은 사랑만큼 고민도 깊은 듯했다. 여자가 남편에 대한 죄책감을 느껴, 남자에게 이리 이별을 하소연하고 있지 않은가. 얼굴을 보지 않아도 속삭이는 대화로 짐작이 갔다.

이들은 풍경 좋고 분위기 좋은 장소에서 호출했다. 주말 오후 긴 시간을 함께했으리라. 풍경처럼 좋은 분위기로, 음흉한 눈 맞춤으로, 뜨거운 욕망으로 얼마나 많은 사랑의 밀어들을 나눴을까. 그래도 헤어지는 게 싫어 동물원의 어린 남매 원숭이처럼 꼭 끌어안고 있다. 꽃구름 속에 묻힌 무아지경의 자태는 이들만이 누릴 수 있는 행복이겠지. 그래도 일말의 양심은 있었는지 가족들의 눈총을 피하려 귀가 시간을 자정에 맞추려고 애쓰고 있었다.

우연이었을까. 3주 연속 주말마다 같은 장소에서 이들의 차를 끌었다. 매번 같은 시간에 똑같은 곳에 여자를 내려주고 남자만 최종 목적지로 갔다. 수원 어느 변두리 동네였다. 여자는 출발지에서 가까운 곳이었다.

대리운전자들에게 중요한 일은, 도착지에서 대중교통으로 다시 나올 수 있는 시간이 확보되는가를 계산하는 것이다. 이들의 차를 세 번 끌었는데 두 번은 버스가 끊겼고, 한 번은 겨우 막차를 탔다. 버스가 끊긴 두 번은 택시비를 더 얹어 주어 택시를 타고 나왔다. 세 번 모두 버스가 끊기지 않았을까 마음이 조마조마했다. 그때마다 손님이 택시비를 더 주겠다는 언질이 없으니. 버스가 끊긴 후에 도착하면 내 돈으로 택시를 타야 하니 빛 좋은 개살구다. 그곳에서 수원역까지 택시비는 만 원이 나왔다. 다시는 마음 졸이며 운행하고 싶지 않았다. 다음 주말도, 그다음 주말도 같은 시간대 같은 코스가 호출되었지만 잡지 않았다. 틀림없이 그들이었으리라.

대리기사의 경험상 불륜 관계는 시간이 지날수록 뻔뻔해진다. 만남의 횟수가 거듭될수록 가족에 대한 미안함도 줄어든다. 남편에게 아내에게 거짓말을 밥 먹듯이 하고 그 수법도 다양해진다. 어쩜 잠꼬대까지 할지 모른다. 그러니 세상의 남편, 아내들이여! 내 아내 내 남편의 잠꼬대에 가끔 귀 기울여 보시라!

아내가 전에 같지 않은 외출이 잦을 때, 남편이 예전보다 음주 횟수가 많을 때는 의심해보라. 남편과 아내의 평소와 다른 행동. 이건 '내게 관심 좀 가져줘'라는 상호신호다. 신호를 제대로 못 읽으면 사고가 난다. 그게 세상 이치다.

나는 이런 분들을 위해 마음으로 기도한다.

신이시여! 당신이 정말 존재하신다면, 이들을 하루빨리 가족에게 돌아가게 하소서! 더 늦기 전에, 잘못이라는 후회가 더 쪼그라지기 전에, 눈물로 참회하고 행복한 가정으로 돌아가게 하소서. 불행의 씨앗이 더 싹트기 전에 그 씨앗을 거둬주시옵소서.

을 중의 을

뛰어간 곳은 한 대기업 전자연구소였다. 멀리서 바라보니 그곳 정문 앞에 한 사람이 서성거리고 있었다. 난 그가 대리운전을 부르고 기다리는 사람이 아닐까 생각했다. 그 앞에 이르러 가쁜 숨을 몰아쉬며 대리운전을 시켰냐고 물었더니 아니라고 고개를 저었다. 실망스러웠지만 숨을 고르며 전화기 버튼을 눌렀다. 사무실에서 곧 나오겠단다. 금방 나온다니 일단은 안심이었다.

그곳은 오가는 사람도 차량도 아주 적은, 한적한 곳에 있는 연구소였다. 곧 나오리라 믿었던 손님은 15분이 지나도 무소식이었다. 그 사이 두 대의 차량이 빠져나갔다. 안 되겠다 싶어 다시 전화를 걸었다. 이제는 그마저 받지를 않았다. 세 번이나 계속했으나 묵묵부답이다.

아까부터 정문에서 서성대던 사람에게 출구는 여기뿐이냐고 물었다. 그렇다고 했다. 힘없이 돌아서는 나의 등을 바라보는 사람. 그는 좀 전에 내가 가쁜 숨을 헐떡이며 뛰어오는 것을 지켜본 사람이었다. 그는 정문을 지키는 경비였다. 정적을 깨뜨렸던 뜀박질 소리는 어둠에 묻혀 버리고, 이젠 낙심한 발걸음만 불빛에 어른댔다.

오던 길로 되돌아가야 했다. 지켜보고 있던 그 사람에게 왠지 부끄러웠다. 콜센터에 전화를 했다. 30대 후반쯤의 남자가 받았다. 정문에서 기다리라 해놓고 나오지도 않고 전화도 받지 않는다고 알렸다. 굳이 전화하는 이유는 콜을 빼달라는 의미다. 콜을 빼주지 않으면 다음 콜을 받을 수 없다. 그래서 꼭 이유를 설명한다. 이유 없이 빼달라고 하면 빼주지 않는다. 센터에서는 조금이라도 시간을 지체하면 주문을 취소하는 경우가 있다. 취소를 당하지 않게 하기 위해 그렇다는 것은 이해한다. 그러나 대부분은 기사가 가기 싫어 취소하는 것으로 여긴다. 그러니 빼달라는 전화에 성의 없는 답변이 올 수밖에.

"알았다."

그것으로 끝이다. 나는 콜을 잡았다가 허탕을 치고 되돌아가기까지 30분을 허비했다. 슬펐다. 개만도 못한 인생. 밤바람은 여전히 차가웠다. 알량한 자존감이 바람에 꺾였다. 일을 못한 자괴감은 뒷전이고, 그 성의 없는 "알았다"라는 대답이 귀가를 맴돌았다.

그 말이 나를 더 모멸감을 느끼게 했다. 센터들은 대리기사들에게 '너희 하는 일이 다 그런 거잖아.' 더 보탠다면 '주면 주는 대로, 있으면 있는 대로 하는 것이 대리기사야.'라는 생각에 이르자 '을'의 자괴감이 뼛속을 파고들었다. 세상에서 보면 '을'의 처지인 사람이 나를 다시 자신의 '을'로 보는구나 하는 생각이 머리를 때렸다.

"죄송하게 됐습니다. 연결되면 다시 전화 드릴게요."

이렇게만 답했더라면 전화했던 사람의 기분이 얼마나 좋을까. 그 시간은 바쁜 시간도 아니면서…. 사소한 말에 인색하고 몰인정한 것이 대리운전 사회의 자화상이다.

한 시간 전, 다른 곳에서도 그랬다. 한 사람이 부른 콜을 두 곳에 올리고 먼저 간 기사에게 차 열쇠를 맡겼다. 항의성 전화를 하니 말을 듣지도 않고 끊어 버렸다. 그런 말은 할 필요도, 들을 필요도 없다는 투였다. 분통이 터지는 일이지만 이의 제기할 곳은 어디에도 없다. 화를 못 참아 버튼을 계속 눌러대면 시간만 낭비하고 전화요금만 더 추가되는 일. 이 구차한 일을 언제까지 계속해야 할지, 밤빛에 마음이 자꾸 흔들렸다.

큰길을 찾아 나오는 시간이 1시 10분이었다. 콜을 시킨 그에게 다시 통화가 된다면 이런 말을 하고 싶었다.

"혹 사정이 있어 못 가게 되면 미안하다는 전화 한 통 주시면 어디 덧나나요."

하지만 가상으로 주어진 전화번호는 벌써 지워져 버렸다. 전화 응답 멘트만이 귀를 때렸다.

"없는 전화번호입니다. 확인하시고 다시 걸어 주십시오. 윙….."

난 알고 있었다. 빠져나간 두 대의 차 중 한 대가 당신 차라는 것을…. 물론 다른 동료가 핸들을 잡았거나 당신이 직접 차를 끌어 음주 운전을 했을 수도 있다. 많다면 많고, 적다면 적은 그까짓 2만 원의 돈 때문에 치사함을 드러낸 그 마음. 제발 다른 사람에게 유사한 피해 주지 않기만을 바란다.

어떤 일간지 기자가, 대리기사 일을 열흘간 체험하고 그 소감을 '을 중의 을'로 표현했다. 이런 불공정한 게임은 어디에도 없다고. 그런데도 이 일을 하는 사람이 10만 명이나 된다고 한다. 수도권에서만. 일의 어려움을 세상 사람들에게 알리고 싶다. 나는 '을'이다. 그것도 '을 중의 을'이다. 하지만 나는 '당당한 을'로 살아갈 것이다.

겨울나기1

 계절은 1월 하순으로 빠져나간다. 한 달만 더 버티자. 지구는 지금껏 해 왔던 대로 돌고 돌아 북반구에 따스한 햇살을 비추리라. 추웠던 오늘을 언젠가 그리워할 수도 있겠지만 얇고 간사한 게 인간의 마음 아닌가.
 대리기사 생활한 지 어느 정도 되었는데 난 아직도 얼뜨기다. 언제 어디서나 쉽게 얼굴을 드러낼 수 있는 철판을 깔지 못했으니. 도대체 프로의식이 없다. 지금은 하루에 얼마를 채워야겠다는 목표 금액이 있다. 그에 못 미쳐도 '오늘은 이만하면 됐다. 내일 더 하면 되지.' 하는 의식이 내 머릿속에 똬리를 틀고 또 튼다. 거기에는 '이 일이 아니어도 먹고 살 수 있다'는 생각이 스며 있는지도 모른다.
 얼굴에 아직 철판을 깔지 못했다는 것은, 핸드폰을 버스에서나 전철 안에서 쉽게 꺼내 보지 못한다는 것이다. 핸드폰 신호음을 옆 사람에게 들리지 않게 해야 하고, 공공장소에서는 폰을 사용해서는 안

된다는 강박관념에서다. 진짜 프로의식이 몸에 밴 기사들은 장소나 소리를 가리지 않는다. 어느 장소이든 들여다보는 것은 말할 것도 없고, 신호음을 크게 조정하여 옆 사람까지 고개를 두리번거리게 한다. 남을 개의치 않는 뻔뻔스러운 행동이 난 싫다. 최소한 공공장소에서는 이어폰을 사용하라고 권하고 싶다. 때로 아주 밉상의 기사들에겐 마음속으로 욕을 한다. '너는 죽도록 이것만 해 먹고 살래?' 맨날 그러니 나는 아직 아마추어다.

내가 첫 콜을 잡고 출발하는 곳은 주로 세 곳이다. 그날그날 상황이나 날씨에 따라 출발지가 다르다. 그중 S 사거리는 손님을 찾아가는 거리가 짧고 간단해서 일감만 많으면 최적의 장소다. 또한 첫 콜을 얼마만큼 빨리 타느냐에 따라 그날 수입의 많고 적음이 가늠된다. 그런데 경제가 어려워지면서 그곳의 일감도 많이 줄었다. 요즘은 어쩌다 한 번씩 찾는다. 인생지사 새옹지마, 모든 게 돌고 돈다.

귓바퀴가 몹시 시리던 날이었다. 어느 신축빌딩 입구로 들어가 휴대폰 들여다보기를 열중하고 있었다. 빌딩 입구가 아닌 한쪽은 은행의 자동화 기기가 설치된 곳이다. 대부분 기사가 그곳에 들어가 있었다. 일종의 아지트다.

난 빌딩 입구에 홀로 있었다. 근데 모깃소리만큼 작은 폰 울림소리가 연속 울려 주변을 두리번거렸다. 서류 가방을 메고 바바리코트를 입고 있는 30대 중반 신사가 서 있었다. 투잡하는 기사임이 틀림없었다. 그는 내 옆으로 다가와 수고하신다며 인사를 건넸다. 핸드폰

위치 설정을 위해서였다. 계속 일감을 잡고 찾아가기 위해서는 지금 있는 위치를 확실하게 알아야 한다. 자세히 알려 주었다. 일 년 가까이 투잡을 하고 있단다. 원래 여의도 어느 횟집을 근거로 대리기사를 했는데, 그곳에서 일할 때는 PDA폰을 들고 다니는 광역 기사들이 미웠다고 했다. 금액을 떨어뜨린다는 이유에서였다. 그렇지만 언제까지나 그런 생각을 가질 수 없었다. 추세를 따라갈 수밖에⋯. 자신도 광역기사가 되어야만 했다. 퇴근하고 두세 콜만 타고 들어간다는 사람. 왜 투잡을 하느냐고 묻지 않았다. 사람 속내를 들추면 감추고 싶은 나름의 사정이 다 있으니.

작년 이맘때였다. 내발산동 어느 큰 사거리였다. 날은 춥고 일은 거의 끝난 새벽 3시가 되었다. 찬 바람을 피해야 했다. 집에 가지도 못하고 첫차를 기다리는 신세였다. 뱀이 함께 모여 월동을 하듯이 어느 불 밝은 은행자동화코너에 기사들이 득실거렸다. 그런 때는 '은행이 봉사하고 있구나' 하는 생각이 들었다. 나도 그 틈에 끼어들었다. 입담들이 한창이었다.

악콜 중에서 가장 깊은 곳에 들어갔던 경험을 쏟아내는 게 이야기의 주제였다. 최고의 악콜은 경기도 광주의 어느 목장까지 들어갔던 기사와 파주의 어느 농가에 갔던 기사의 이야기가 단연 압권이었다.

광주 목장에 들어갔던 이야기는 이러했다.

비가 부슬부슬 내리던 여름밤, 광주 시내를 벗어나 10여 분을 더 달렸단다. 그러다 아스팔트 길을 벗어나 비포장 어느 산길로 들어섰는데, 너무 어이가 없어 가던 길을 내릴 수도 없었고 또 약간 오르막도 있더란다. 될 대로 되라고 갔더니 목장이더란다. 만 원의 택시비를 더 받고 되돌아 나오는데 골탕 먹은 것 같아 야속하기 그지없었다고 목청을 키웠다. 전등불 하나 없는 캄캄한 비포장 길, 길은 울퉁불퉁하고, 돌은 발부리에 채이고, 옷에는 흙탕물이 튕기기도 했다. 10여 분을 걸어 나오는데 뒤에서 트럭 오는 소리가 들리더란다. 트럭이 자신의 옆에 멈췄고, 운전석을 보니 좀 전에 끌고 갔던 승용차 주인이었다. 아스팔트 깔린 국도까지 태워다 주고 되돌아갔지만 그래도 욕이 튀어나왔단다. 태워다 주려면 목장에서부터 태워다주지. 듣고 있던 기사들은 그래도 좋은 사람이라서 그렇게라도 태워다 주지 않았느냐고 장단을 맞췄다.

파주 농가에 갔던 사람도 확실한 시골로 갔다. 밭길로 한참을 들어갔는데 단 두 채 농가만 있었단다. 그래도 달빛 덕에 어둠은 면했다고 껄껄댔다. 어디를 가나 한적한 곳에 가면 그날 밤 일은 망친다고 이구동성이었다. 기사들 말로 "봉사하고 왔다"고 한다. 콜비 받아 되돌아 나오는 택시비 주고 나면 남는 것이 없다는 거다.

첫차를 기다리는 겨울밤. 그 시간은 하루 중 가장 추운 시간이다. 너 나 할 것 없이 배도 고프다. 물론 24시 해장국을 파는 식당이 있지만 그런 곳에서 마음 편하게 식사를 하는 대리기사는 거의 없다. 대리기사는 매일 밤 푼돈과의 전쟁을 벌인다. 추워도 더워도 휴전이 없는 살벌한 전쟁. 3,000~4,000원이면 택시 합승하고 셔틀을 탈 수 있지만 밤을 새우고 1,200원짜리 첫 버스를 탄다. 속 쓰린 400원짜리 자판기 커피를 홀쩍거리면서 겨울밤을 이겨낸다.

하기야 삶이 결국 겨울나기 아닌가. 우리 모두 찬 바람 견디고 꽃을 피우는 인간이란 꽃이니까.

겨울나기2

춥다 춥다 해도 이 겨울만큼 추웠던 때가 있었나. 너무 웅크리고 지내다 보니 어깨가 아프다. 추위를 피하지 않고 즐겨야겠다고 다짐한다. 하지만 신체는 내 뜻에 부응하지 않는다. 밤마다 맞서는 체감온도는 영하 10도를 넘어서는 것 같다. 물론 모두가 그렇지는 않을 것이다. 저마다 추위에 대한 반응은 다를 테니까.

대리기사를 하면서 세 번째 맞는 겨울이다. 지난 두 번의 겨울보다 이번 겨울은 추위가 더 길게 느껴진다. 손가락이 아리고 턱이 떨리는 매서운 추위는 한 달 가까이 이어진다. 기상대가 체크하는 기온으로도 예년보다 낮게 나타나고 있는 사실이니 누가 부정하랴.

어느 빌딩 입구에서 함께 대기하던 젊은 기사가 말을 건넨다.

"차 핸들 잡을 때가 행복하지요."

동의를 하듯이 빙그레 웃는다. 추워서였는지 발을 들었다 내렸다 하던 젊은이다. 입에서는 연신 흰 김을 모락모락 뿜어낸다. 맞는 소리다. 핸들을 잡아야만 돈이 생기고 추위를 피할 수 있다. 운행 중인 차 안은 온실이다. 일감을 잡기 위해 대기하는 시간은 기사들만이 그 느낌을 공감할 수 있다.

밖에서 일하는 사람은 추위를 잊으려고 계속 몸을 움직인다. 그러나 대리기사들은 휴대폰 화면에 시선을 집중한다. 깨알보다 작은 글자. 움직이는 순간 콜이 뜨면 글자를 제대로 볼 수 없다. 콜은 순간에 사라진다. 그러니 완전히 벌 받는 꼴이다. 똑같은 기온인데도 기사는 더 춥게 느껴진다.

"누가 그 짓 하래!" 하며 책망한다면 대꾸할 말이 없다. 자기 살기 위한 것인데 누구를 원망해. 기사들 모두가 피할 수 없는 운명이다. 자승자박이다. 온갖 직업을 거치면서 실직하고, 사업하다 망하기도 하고…. 기술 없고, 돈 없고, 몸으로 때우겠다고 길거리로 나선 것이 아닌가. 물론 개중에는 노는 것보다 좋다며 심심풀이로 하는 사람도 있다. 그렇지만 그 사람들은 기상 조건이 나쁠 때는 나오지 않는다. 그런 사람이 과연 몇 명이나 될까. 아무리 둘러봐도 소수에 지나지 않는다.

일 년 전에 그런 사람을 한 사람 만났다. 70이 다 되어가는 영감님이셨다. 그러나 실제로는 조금 더 젊어 보였다. G 지역의 사정을 손바닥 보듯 환히 잘 아는 사람이었다. 쉬지 않고 일을 하는 이유는 금전적으로 자식들 눈치를 보지 않기 위해서라고 했다. 그러면서 늙어서 돈이 없으면 괄시받는다고 손자들 용돈도 주어야 하고 무엇보다

축의금이나 부조금을 마음대로 낼 수 있어 좋다고 했다. 움직이는 만큼 마음이 편해진다고 했다.

지난 12월 30일부터 맹추위는 또 시작되고 눈도 많이 퍼부었다. 그사이 나는 사흘이나 쉬었다. 하기 싫어서가 아니고 추워서도 아니고 길이 미끄러워 사고 날까 봐였다. 그래서는 안 되지만 사고의 후유증은 크기 때문이다. 가난뱅이는 더 기다릴 여지가 없다. 거리로 나서야만 작은 소망이라도 이룰 수 있다.

큰길은 눈이 거의 치워졌다. 그러나 간선도로와 골목은 여전히 빙판이다. 조심조심 운전해도 한밤 골목에서 바퀴가 헛돌고 오르다 말고 뒷걸음질치기도 몇 번이다. 내 차가 아니기에 더 신경을 쓰게 된다. 때로는 오르지 못해 P턴하기도 했고 U턴하기도 했다.

기사들이 추운 날과 비 오는 날 가장 많이 대기하는 곳이 지하철역이다. 있지 못하게 방해하는 사람이 없고 어떤 이유보다도 따뜻하기 때문이다. 두 번째로 많이 대기하는 곳은 은행 자동화기기가 설치된 부스다. 웬만해선 난 그런 곳에는 잘 들어가지 않는다. 이유는 그 자동화기기 코너에서 돈 관련 사고가 났다면 CCTV에 찍혀 불려 다니고 싶지 않아서이다. 며칠 전에는 그렇게 추운데도 들어갈 곳이 없었다. 그래서 은행 자동화기기가 있는 곳에 들어갔다. 그때 마침 어떤 늙수그레한 아저씨가 카드가 들어가서 나오지 않는다고 기기를 발로 차고 있었다. 또 주먹으로 화면을 치는가 하면 전화를 받지 않는다며 비상 전화기를 부수듯이 두들기고 야단이었다. 난 즉시 나와

버렸다. 밖에서 보았더니 세콤 경비회사 오토바이가 비상등을 번쩍번쩍 튕기며 오고 있었다.

지하철역에서 대기하고 있는데 어느 기사가 물었다.

"아저씨는 이렇게 추울 때가 좋아요? 비 올 때가 좋아요?"

기사는 춥다고 잔뜩 움츠리고 있었다. 엉뚱한 질문이었다. 어떻게 대답을 할까? 난 솔직히 비가 퍽퍽 쏟아지는 밤보다 추울 때가 더 좋다고 했다. 비 오는 날 우산 받쳐 들고 휴대폰 들고 철벅거리며 뛰어다니기는 싫다. 우산 없이 빙판길을 뛰는 편이 훨씬 낫다. 땀도 흐르지 않으니까.

감정이 있는 인간이라 이 추위에 더위를 생각하고 있다. 추위를 잊기 위한 또 다른 방편인가. 그래, 추위를 잊고 싶다면 여름을 생각하라. 머잖은 날에 계절은 오리라.

2장

어떻게 되돌아가나요? •
투잡하세요? •
'허' 자 번호판을 신봉하는 어느 지점장님 •
조수석의 대리기사 •
위로의 꽃 •
비싼 기사 vs 싸구려 기사 •
마이웨이 •
그래도 살 만한 세상 •
말로 하는 최고의 선물 •
진짜 프로기사 •

어떻게 되돌아가나요?

"가끔 대리운전을 시키는데 그때마다 궁금한 것이 있어요. 기사들은 어떻게 되돌아가나요?"

그래요. 글을 쓰는 저도 대리기사를 하기 전에는 참 궁금했습니다. 물론 요금이 어느 정도 합당한 금액이라면 생각하지 않겠지요. 또 이런 경우 질문할 필요도 느끼지 않을 거고요. 질문의 핵심은 요금이 싼 것 같은데, 어떻게 되돌아가느냐 하는 거겠죠.

대리운전이 활성화되기 전에는 택시기사가 대리운전을 했다고 합니다. 업소 주변에 택시가 대기하고 있을 때 업소에서 대리를 부탁합니다. 그럼 택시기사는 자신이 끌던 택시를 세워놓고 손님 차를 끌고 가죠. 당연히 돌아오는 택시비까지 더 받는 것이지요. 돈 많은 사장님은 업소에서 유흥비용에 포함해서 다 지급했다고 합니다. 그러니 어떻게 되돌아오느냐고 물을 필요가 없습니다. 지금 요금과는 비교가 되지 않으니까요.

예전에 제 친구가 화성시 팔탄면 율암리에서 농장을 하고 있었습니다. 완전한 시골이지요. 그 친구가 일산에서 율암리 농장까지 3만 원에 대리운전으로 간다고 했습니다. 일산 어딘지 모릅니다. 나는 깜짝 놀랐습니다. '그리 싼값에? 그 먼 길을?'
"그럼, 그 기사는 어떻게 되돌아가나?"
"몰라. 내가 알 바 아니잖아."
하긴 이 이야기는 15년 전 일입니다. 그때 대리기사의 '돌아가는 방법'에 강한 의구심이 들었습니다. 합당한 금액이라면 정당한 거래죠. 계약이란 용역을 지급하고 그에 따른 대가를 금액으로 받는 거니까요. 그러니 세상사의 태반이 결국 거래인 셈이죠.

어디서나 시내라면 불편하지 않습니다. 주로 많이 걷습니다. 대신 교통비가 추가되죠. 대중교통이 끝나기 전에는 시내버스나 전철을 이용합니다. 출발지로 꼭 되돌아가지는 않습니다. 모든 일이 그렇듯이 기사의 역량에 달려 있습니다. 기사는 손님을 목적지에 모셔주고 또 다른 일을 계속 이어갑니다. 초보자와 경험이 많은 기사는 다릅니다. 다음 출발지를 어디로 정할 것인가는 기사의 경험이 정합니다. 즉 어디로 가야 다음 일을 빨리 챙길 수 있을까? 늘 그 생각입니다.

수도권, 정말 넓고 큽니다. 서울 경기도 전체가 하나의 도시입니다. 경험 많은 기사들은 위성도시에서 또 다른 위성도시로 건너뛰기를 이웃집 가듯이 합니다. 어디가 일이 많은지 다 알고 있습니다. 단지 대중교통이 끝나면 심야 광역버스를 많이 이용합니다. 그 버스는 시내 구석구석을 다니지 않아 차가 끊긴 후가 문제입니다. 할 수 없지요. 협동할 수밖에요.

기사는 손님을 내려주고 큰길을 찾아 나옵니다. 위성도시에서 서울로, 서울에서 위성도시로 함께 이동하면서 택시비를 절약합니다. 늦은 시간 택시 합승을 하면 일반인은 목적지까지 금액을 각자 지불합니다. 대리기사들은 나누어 지불합니다. 변두리에서 서울을 갈 때는 서울 택시를, 반대로 서울에서 변두리 갈 때는 그 지역 택시를 탑니다. 택시기사 처지로도 빈 차로 되돌아가는 것보다 낫지 않겠습니까. 그런 경우 택시를 함께 이용합니다. 누이 좋고 매부 좋고죠.

그 외에 변두리에서 자신의 집으로 돌아가려면 불법으로 운행하는 승합차를 이용합니다. 물론 요금을 지급합니다. 택시를 이용할 때와 거의 비슷한 금액입니다. 단지 기다리는 시간이 많이 소비됩니다. 그때는 어차피 집으로 가는 길이고 일이 끝난 시간입니다. 느긋한 마음으로 차분하게 기다립니다. 그러나 기다림이 길어지면 추운 겨울은 고통 그 자체입니다. 빌딩 출입문은 꼭꼭 닫혀 있고 어디 의지할 곳 없는 황량한 길에서 추위를 버티려고 안간힘을 다 씁니다. 하지만 모두가 그런 것은 아니지요. 당당한 기사들도 있습니다. 그날 벌이가 괜찮은 기사는 당당하게 택시를 이용해 퇴근합니다. 경험 많은 젊은 기사들은 힘이 넘칩니다.

저의 경우, 예전에는 늦은 밤까지 일했지만 지금은 늦어도 12시까지는 집에 도착하는 것으로 끝을 맺습니다. 대중교통 막차를 이용하기 때문이죠.

가끔은 주제넘은 생각이 듭니다. 누구나 온 길을 다시 되돌아가는 것 아닌가 하는 그런 생각 말입니다. 온 길이 삶이듯 가는 길 또한 삶이 아닌가 하는 그런 생각 말입니다.

투잡하세요?

"투잡하세요?"

운전하며 가장 많이 받는 질문이다.

때로는 그렇다 하고 아니라고도 한다. 어느 때는 그냥 얼버무린다. 정말이지 대답하기 껄끄럽다. 어디 취업할 나이는 훨씬 지났다. 그렇다고 돈이 많아 마냥 먹고 놀 형편도 아니다. 용돈이나 좀 벌어 쓰며, 젊었을 때 하고 싶었던 글쓰기를 제대로 하고 싶은 생각에서 대리기사를 한다.

늦은 나이에 무슨 대단한 작가가 되겠는가. 글쓰기는 돈 들이지 않고 시간을 보낼 수 있는 취미생활이다. 밤에는 대리기사 일을 하고 낮에는 책을 읽고 글쓰기를 반복한다. 대학의 평생교육원에서 몇 년째 문예창작 강의도 듣고 있다. 이런 나의 일과에 관해 물으니 답변이 궁색해질 수밖에.

대리기사 일을 하면서 이런 일에 종사하는 사람들의 생활이 어렵다는 것을 목격했다. 또 일 자체가 힘이 든다는 사실도 뼈저리게 느낀다. 어떤 사람들의 이야기를 들으면 한숨이 절로 나온다. 가난이란 가정을 파괴하고 인생을 비참하게 만든다는 사실도 연일 체험한다. 6개월쯤 일하면서 보고 듣고 느낀 것을 글로 쓰고 싶었다. 직업의 자리가 낮아도 생각의 자리가 높으면 나름의 격格이 생기지 않겠는가.

돈에 여유가 있다면, 어느 누가 잠잘 시간에 남의 생명과 재산을 운반하는 일을 하겠는가. 고만고만한 형편이고 사정이 있는 사람들이다. 직업이 없거나 일하고 있다고 해도 수입이 적은 경우가 대부분이다. 또 나이는 들었고 앞으로 살아갈 형편이 어려운 사람들이 많다.

투잡을 하는 사람은 대체로 한밤중이면 집으로 들어간다. 간혹 그분들의 직업과 수입을 조심스럽게 물어보기도 한다. 누구나 짐작하듯 평범한 월급을 받는 사람들, 빠듯한 월급으로 저축할 여유가 없는 사람들, 남에게 빚을 진 사람들, 아이들이 커가며 더 많은 생활비가 필요한 사람들이 투잡을 한다.

이런 가운데에서도 대단한 청년을 만나기도 했다. 결혼하기 전에 집을 마련하겠다는 당찬 젊은이였다. 그는 중국 음식을 배달했다. 32평의 아파트를 분양받았는데 납입금이 벅찼다. 그래서 하루 5시간의 잠을 자고 일을 한다고 했다. 아파트 납입금이 끝나면 중국 음식점을 낼 생각이라고.

1년 조금 지나서 그를 다시 만났다. 아파트 납입금이 끝나고 입주까지 했단다. 얼마간의 은행 빚이 있다지만 완전한 집을 하나 소유하게 되었다. 그러면서 다음 목표는 가게 마련이라 계속 대리운전을 하겠다는 사람. 사실 이런 사람은 두리번거려야 찾을 수 있는, 어쩌다 내 잠망경 안에 들어온 경우다.

반면, 꼭 어려운 사람만이 투잡하는 게 아니라는 사실도 말하고 싶다. 나이 많은 기사 중에는 돈 많은 사람도 있다. 하는 일 없이 놀기만 하면 정신이 나태해진다고 대리기사를 자처한 사람들이다. 자수성가한 그들은 그 재산을 이루는 데는 피눈물 나는 노력이 있었다고 입을 모은다. 그들은 초심을 잃지 않으려고 대리기사를 한다. 세상에는 생명의 이유가 다양하듯, 존재의 이유 또한 다양하다.

우리나라는 정말로 재미있는 나라다. 어떤 이유든지 다른 사람보다 앞서가겠다는 사람들. 이런 경쟁 풍토도 하나의 문화가 아닌가. 어떤 나라에도 없는 찜질방을 만들어 선진국에 수출한 나라. 35년 전에 뉴욕에 이민하여 사는 형제들 말을 들으면 뉴욕에도 한국인이 대리운전을 하고 있다고 한다. 벌써 그곳에도 대리운전이란 문화를 수출했다. 우리 대한민국은 참 별다른 문화를 창조하는 나라다. 재미있는 사람들의 나라가 아닌가?

"투잡하세요?"라고 묻는 말에는 왠지 상대를 얕보는 냄새가 난다. 세상이란 묘해서 내가 너를 얕보면 네가 나를 얕본다. 생각을 조금만 돌려보면 '투잡'이 '원잡'보다 더 칭찬받을 삶의 태도가 아닌가.

'허' 자 번호판을 신봉하는 어느 지점장님

"이 차 번호판 보았어요?"

60세 가까이 되어 보이는 깡마른 체구의 신사. 승차하기 전 주위의 몇 사람이 깍듯이 배웅을 했다. 그들은 그를 '지점장님'이라 불렀다. 천천히 출발했다. 출발지는 구로디지털단지역 기업은행 뒤 유료주차장이었다.

그곳은 차를 빨리 출발할 수 없는 사정의 도로다. 항시 술꾼들이 넘쳐난다. 만나고 헤어지는, 북적대는 장소다. 그 틈새를 빠져나오는데 타이어가 약간 뒤뚱거렸다. 아스팔트가 조금 패인 자리에 바퀴가 빠진 모양이었다.

"아, 죄송합니다. 패인 곳을 미처 보지 못했습니다."

"그럼 이 차 번호판 보았어요?"

"네에, '허' 자 보았지요."

"'허' 자가 어떤 차인지는 알아요?"

지점장이란 높은 직위를 과시하고 싶은가 보았다.
"알지요. 왜 모르겠습니까."
"그러면 알아서 조심히 잘 몰아야지요."
"네, 하늘처럼 높이 잘 모시겠습니다."
 허허! '허' 자 번호판으로…! 하마터면 지점장님이 '허' 씨냐고 물어 볼 뻔했다. 기사 달린 자리도 아니구만….
 은행 지점장인지 보험회사 지점장인지 어떤 회사의 지점장인지 나는 모른다. 그리 대접받고 싶으면 대리 비용이 조금 더 비싼 정장 차림의 기사를 부를 일이지. 싸구려 콜 시키며 떠받들어 달라고 하니. 지금껏 많은 은행 지점장님을 모셔봤지만 팁 주시는 지점장님은 단 한 사람도 만나지 못했다. 팁을 바라고 하는 소리가 아니다. 아주 사소한 일로 자신을 과시하려는 게 싫다.
 '팁이 없다고 아무렇게나 모시지는 않습니다. 걱정하지 마십시오.'
 사람은 술 취하면 자신을 쉽게 드러낸다. 그러니 대리기사는 밤마다 다양한 사람들의 민낯을 본다. 스스로 목에 힘을 줘 되레 자신이 낮아지는 사람, 자신을 낮춰 한껏 높여지는 사람.
 '허' 자를 아느냐고 물은 지점장은 지금도 그 질문을 누군가에게 던지고 다닐까. 쉽게 잊히지 않는 지점장이다.

조수석의 대리기사

'다마스'를 운행하다 조수석으로 쫓겨났다. 대리기사 체면을 완전히 구겨버렸다. 그것도 마음 졸이며 가시방석에 앉은 조수가 되다니…. 조수는 차의 진행 방향에 음주검사가 있나 없나 살피는 파수꾼이다. 그 대신 내 생명을 담보하지 못할 만큼 불안에 떨어야 했다.

정말 어이없는 차주였다. 출발지는 ○○동 ○○시장 주변. 유흥장이 있는 곳이 아니라 소규모 음식점들만 있는 곳이다. 차주는 애인과 만남을 끝내고 운전석과 조수석에 앉아 밀담을 나누며 대리기사를 기다리는 중이었다. 도착지는 다시 찾아갈 수 없으리만치 꾸불꾸불한 길이었다. 경사가 심한 언덕이 있는 ○○시의 어느 변두리 빈촌. 차에서 내렸을 때는 15분을 걸어 큰길을 찾아 나와야 했다. 대중교통이 있는 시간이라도 버스를 타기 위해서는 상당 시간 걷기가 필수적인 곳이다.

겔겔겔, 피스톤이 구동축을 돌려주는 벨트 소리가 힘에 겨웠다. 폐

차가 임박한 듯한 낡아빠진 엔진소리. 무척 조심스러웠다. 신호에 멈추었다가 출발하려고 하면 엔진이 꺼졌다. 두 번이나 꺼뜨렸다. 엔진은 힘이 달려 멈춰 있는 동안에도 액셀러레이터를 밟고 있어야 했다. 고물 중에 고물차. 그래도 차주는 자신의 차를 잘 다뤘다.

"나는 운전의 달인입니다. 걱정하지 마시고 운전은 내가 할 테니 앞에 음주검사가 있나 없나 잘 살피기나 하세요."

어쩔 수 없이 차주와 자리를 바꿨다. 다 썩어가는 차를 끌고 서부 간선도로 목동 방향 고가에서도 100km 정도나 밟아댔다. 골목에 들어서서도 과속은 계속이었다. 두려워서 차 문 위에 있는 손잡이를 힘껏 잡았다. 만약 사고라도 난다면 병원 치료비도 받지 못할 판이다. 차주가 음주운전 중이니 보험 적용을 받지 못할 것이 뻔하지 않은가. 너무 불안했다.

차주는 택시기사를 오래 했고, 용달이며 큰 화물차까지 운행했단다. 그래서 운전은 자신이 달인이란다. 그럼에도 골목에서는 너무 불안했다. 언제 어느 쪽에서 장애물이 튀어나올지 가슴이 두근댔다. 잘못 탔다는 후회가 막급했다. 그러나 내릴 수도 없었다. 그곳은 너무 외진 곳이다. 다시 콜을 잡기 위해서는 택시를 타야 할 정도였다.

낡은 다마스는 차주에게만은 순응했다. 40대 후반의 차 주인은 운전이 능숙했다. 물론 골목 사정을 잘 알기에 그렇게 운전을 할 수 있었겠지만 나와는 비교가 되지 않았다. 차 주인들은 대리기사가 과속하거나 거칠게 운전할 때는 반드시 제지한다. 하지만 이 운전자는 자신의 차가 아닌가. 제 마음대로 할 수 있다. 조수석에 앉은 대리기사가 뭐라 하겠나. 그저 가슴을 졸일 수밖에.

얼마 전에는 아주 낡은 아반떼를 만났다. 소규모의 공장을 운영하는 사장님이었다. 사장은 자신의 월급도 챙겨가지 못하는 처지였다. 어떤 기계를 만드는 공장을 운영하고 있다는데 직원이 10여 명이라고 했다. 그 직원들 월급 챙겨주기 바빠서 차 바꿀 여력이 없었단다. 그래도 6개월 후에는 바꿀 예정이었다는데, 마침 그날 아침 출근하다가 서부간선도로에서 엔진이 멈춰 버렸다. 견인차를 불러 40만 원을 들여 볼링을 하고, 차를 정비공장에서 끌고 나왔는데 엔진이 여전히 자주 멈춘단다. 나도 세 번이나 꺼뜨리고 나서야 나름 차를 다룰 수 있었다. 아주 조심스럽게 운전을 했다.

"역시 대리기사는 나보다 운전 실력이 낫습니다."

진즉 폐차해야 했을 차. 아무리 돈이 없다고 이토록 낡은 차를 끌고 다닌다는 게 신기했다. 안양에서 일산까지 이 차로 출퇴근하고, 영업을 위해 고객까지 찾아다닌단다. 사장도 사장 나름, 하늘과 땅 차이다. 땅에서도 비포장 물구덩이만 헤매는 사장이 아반떼 주인이었다.

차에서 내려 발길을 돌리며 마음속으로 기도했다.

'하나님! 이렇게 노력하는 사람이 여기에도 있습니다. 이 사장님이 보람을 느끼도록 도와주십시오. 높고 낮음이 있는 세상. 비포장 길이라도 제대로 달릴 수 있게 행운을 나누어 주십시오.'

기도를 오늘 이 다마스 차주에게는 해줄 수가 없었다. 이유는 간단하다. 이 사장님도 살아가기 위해 열심히 노력하고 있을 것이다. 그러나 지금 운전하며 달리는 상태를 보니 내 기도문이 턱 막혔다.

차는 여러 길을 달린다. 뻥 뚫린 고속도로도 달리고, 때론 험한 비탈길도 오른다. 그러고 보면 차는 우리 인생과 닮았다. 때로는 씽씽 달리고, 때로는 헉헉대며 험한 길을 올라야 하니.

위로의 꽃

졸음운전의 무서움을 오늘 처음 겪었다. 뉴스에서 졸음운전 사고를 수없이 듣고 보았지만 실제 경험한 이 밤은 정말 소중했다. 중앙분리대가 없었더라면 어찌 됐을까. 아마도 내가 이런 글을 쓸 수 없었을지도 모른다.

차를 타고 출발한 시간은 밤 11시를 넘어서였다. 신대방 삼거리역에서 수원 영화동으로 가는 손님이었다. 차종은 빨간 마티즈. 이제 서른이 막 넘었을까. 그는 술을 얼마 마시지 않는 상태였다. 가는 길을 잘 안다고 했더니 청년은 마음 놓고 잠이 들었다.

그런데 어찌된 일인지 서울을 벗어나 안양으로 들어서자 졸음이 쏟아지기 시작했다. 오른손은 핸들을 잡고 왼손으로 뒷목을 안마하며 졸음을 쫓았지만 졸음은 좀처럼 물러나지 않았다. 두 시간 전에 먹었던 몸살감기약이 범인인 듯했다. 평소 일 나오기 두 시간 전에 한 시간쯤 잠을 자고 나온다. 그 때문인지 밤일하는 시간에 이토록 졸려 본 적이 없었다.
　폭우 속 골짜기의 급류가 밀어치듯 뒤따르는 차들은 사정없이 밀어붙였다. 1차선을 달리며 4차선을 힐끔힐끔 보았다. 규정 속도는 80km. 내가 운전하는 마티즈도 80km였다. 대부분 차들은 속도를 지키고 있었다. 졸음은 눈꺼풀을 내리누르고 '순간 잘못되면 죽는다'는 생각에 마음을 다잡고 또 다잡았다. 한데 졸음이란 놈은 정말 독했다. 지지대고개를 막 내려서는데, 따-탁. 정신이 번쩍 났다. 오른쪽으로 튕기는 차를 바로잡으려고 핸들을 반대로 틀며 삐틀삐틀 두세 번쯤 했다. 그리고 이내 차는 제대로 방향을 잡았다. 차주인 청년이 깜짝 놀라 잠에서 깼다.
　"아저씨! 뭐하는 거에요?"
　"지금 어디 부딪혔지요?
　"네, 죄송합니다. 저도 모르게 순간 가드레일에 닿았습니다."
　"아! 이거 내 차도 아닌데…."
　비명은 작지만 날카로웠다.
　"죄송합니다. 한적한 데서 봅시다."
　마음이 초조했다. 얼마나 아찔한 순간이었나. 만약에 중앙분리대가 없었다면 반대 차선으로 그대로 돌진했을 게 아닌가. 생각만 해도 끔찍했다. 이만하기에 다행이다 싶었다. 마음을 쓸어내렸다. 그나마 조는 순간에도 두 손으로 핸들을 꽉 잡고 있었기에 망정이지 만약 한 손으로 잡고 있었다면 차는 더 튕겼을지도 모른다. 비록 다른 사람 차를 대리운전하고 있지만 평소 신호와 속도 지키는 습관이 배어 있기에 이 정도로 큰 화를 면한 것이다. 정말 순간이었다. 어쩌면 두 사람의 목숨을 앗아갈 수도 있고, 반대편 차에도 끔찍한 일이 벌어질 수 있는 찰나였다.

달리면서 백미러로 차의 옆 상태를 살폈다. 별 이상은 없어 보였다. 다행이다 싶었다. '차체에 긁힌 자국은 있겠지?' 하는 생각은 들었다. 목적지 가까이에 다다랐다. 한적하고 밝은 곳에 차를 세우고 보니 앞 범퍼와 본체 패널 사이에 엄지손톱만큼의 긁힌 자국만 있을 뿐이었다. 분리대 철판을 고정하는 둥근 배꼽 모양 연결 나사에 닿은 듯했다.

젊은 차주는 화를 내지 않았다. 되레 아주 부드러운 말로 내게 위로하듯 물었다.

"아저씨 어쩌다 그랬어요? 피곤하셨던가 봐요?"

"정말 죄송합니다."

"이거 동생 차인데, 수리는 해주셔야 하지 않겠습니까?"

"네, 원하시는 대로 해드리겠습니다."

젊고 차분한 사람이 너무 고마웠다. 보통 사람 같으면 큰 소리 치고 성질내고 고압적인 태도였을 텐데, 보기 드문 점잖은 젊은이었다. 차주는 보험 확인과 내 전화번호를 확인하고 편리한 시간과 장소에서 수리하겠다고 했다.

집으로 가면서 왜 졸렸는가를 다시 생각했다. 원인은 감기약인 게 분명했다. 졸림의 순간이 너무 강렬했다. 깜빡했던 순간, 그 순간이 나에겐 1억 년으로 느껴졌다. 더 큰 사고로 이어지지 않았던 것을 하나님께 감사해야 하나? 벌어진 사고, 이젠 정리할 일만 남았다. 나도 나 자신을 고생했다고 위로해야지. 집으로 오는 내내 수리비가 걱정이었다.

다음 날 정오께 내가 먼저 전화를 했다. 차주가 다니는 단골 카센터로 갔다. 수리비를 비싸게 요구했다. 차 주인은 젊은이의 애인이었다. 그 애인은 아는 곳이 있다며 전화로 견적을 받았다. 다른 곳에선 40만 원을 요구했고, 그 애인이 처리하기로 했다. 즉시 수리비를 입금했다.

아귀다툼의 세상에서 그래도 아름다운 꽃은 있었다. 오늘 젊은이가 바로 그들이다. 단 한마디로도 나를 나무라지 않았다. 오히려 나를 위로했던 사람들이다. 보기 드문 꽃, 그들을 닮고 싶다. 마음을 밝히고 세상을 밝히는 '위로의 꽃'. 나도 그런 꽃 몇 송이는 피워보고 싶다.

비싼 기사 vs 싸구려 기사

'이 사람 새터민인가? 웬 함경도 말을 저렇게 할까?'

새터민이 대리기사하는 것을 처음 보았다. 동유럽에서 온 파란 눈을 가진 대리기사다. 중국에서 온 교포기사를 만난 일은 있다. 그런데 새터민이라니? 호기심이 자극된다. 대리기사를 하려면 우선 길을 많이 알아야 하는데….

통화하는 소리를 들으며 혼자 이런저런 생각을 했다. 새터민으로 보이는 대리기사 앞에 있는 사람은 셔틀버스를 기다리는 듯, 열심히 왼편 신호등이 있는 사거리를 지켜보고 있다. 일 끝나는 시간이 정해진 것은 아니지만 일이 없으면 집으로 가야 한다. 지금 정거장에는 두 사람이 있다. 아니, 나를 포함하면 세 사람이다. 새터민인 듯한 기사는 긴 나무 의자 끝에 앉아 동료에게 전화를 하고 있다. 오랜만에 들어보는 북쪽 말이다.

예전에 북한을 탈출한 두 사람을 알고 지냈다. 그때 북쪽 말을 일상으로 들었다. 그 때문에 호기심이 발동하여 통화가 끝날 때까지 귀담아 듣고 있었다.

"일 없으면 천천히 하라우. 모든 일이 억지로 되는 게 아니잖우. 길빵*도 좀 하면서….”

한참 후에 전화 통화가 끝났다.

"아니, 웬 북쪽 말을 그렇게 심하게 써요?"

"아, 내 고향은 가평이에요. 부모님이 함경도 사람이에요. 그래서 나도 모르게 북쪽 말이 술술 따라 나오디요."

셔틀버스를 기다리던 다른 기사가 끼어들었다.

"그래도 그렇지. 학교에 다니면 그 지방 말을 자동으로 하게 될 터인데 어떻게 북쪽 말을 고스란히 쓴단 말이오?"

'어! 이건 또 뭐야?' 끼어든 이 기사 말도 내게는 좀 색다른 발음이었다. 이 억양은 어디 말인가? 강원도 북쪽 말 같았다. 군대 생활을 할 때 속초가 고향인 선배가 있었다. 그 선배의 발음과 똑같았다. 익숙한 발음들이지만 너무 오래된 일이다.

"기사님 발음도 좀 이상해요. 어디 말이에요?"

강원도 속초라고 했다. 이사한 지 얼마 되지 않았다며 수원에 산단다. 우린 서로 친구인 듯 말꼬리를 이어갔다. 몇 마디 말을 나누다 보니 둘은 여기저기 일이 생기는 대로 다니는 기사였다. 하긴 건강하고 젊으니 어딘들 못 가랴. 그들은 40대의 젊은이였다.

"전화하는 소리를 들으니 일을 참 잘하는 것 같아요."

"일을 잘하는가는 모르겠지만 길빵을 많이 해요. 콜센터에 수수료 줄 필요 뭐 있어요. 쓱 쳐다보면 대리기사를 부를 사람인지 아닌지 알 수 있는데요. 뭐!"

하룻밤에 한두 콜만 기계로 잡고 실제 좋은 콜은 길빵을 한다고 했다. 하긴 나도 그랬다. 나도 처음 대리기사를 시작할 때 길빵을 했다. 길빵을 하려면 우선 대상이 눈에 금방 들어와야 한다. 그러나 지금은 기계만 들여다보니 나는 길빵은 한 달에 한 건도 못한다. 길빵을 하려면 사람을 유심히 살펴야 한다. 또한 유흥가가 밀집된 곳에서 기다려야 한다. 술집으로 유인하는 삐끼들처럼.

북쪽 사투리를 쓰는 기사를 중심으로 이야기가 무르익을 때 택시가 앞에 와 섰다. A시 소속 영업 택시였다. 택시기사의 합승 제안에 우린 쉽게 동의했다.

택시 안에서도 우린 길빵 이야기를 계속했다. 택시기사가 더 흥미로워했다. 그는 싼 금액으로 가질 않는다고 했다. 내가 물었다.

"난 절대 비싼 요금을 부르지 못하겠던데 어떻게 비싸게 제시해요?"

"아, 가면 가고 말면 마는 거지요."

대답이 아주 시원했다. 그리고 팁을 덧붙였다.

"평소에 얼마에 가시느냐고 물어요. 손님은 싸게 말할 것 아닙니까? 그럼 싸구려 기사 찾아 가세요. 내가 그렇게 싸게 보여요? 난 절대 싼 기사가 아니에요."

한마디로 배짱을 튕긴다는 거다. '비싼 기사 vs 싸구려 기사'란 그의 말이 흥미로웠다. 그럼 난 지금까지 '싸구려 기사'였단 말인가. 그럴지도 모른다. 난 항시 핸드폰에 떠오르는 금액만큼만 요구했으니.

우리는 흔히 물건을 사고팔면서 싼 가격은 더 깎으려 든다. 똑같은 상품도 백화점에선 깎으려 하지 않지만 재래시장에선 값을 내려친다. 그럴듯한 이치고 꽤 재미있는 논리다.

한번은 경남 충무를 가자는 사람을 만났단다. 금액 흥정을 하면서 그는 35만 원을 요구했다. 손님은 지갑에 있는 돈을 모두 주기로 했다. 지갑을 열어 보니 31만 원의 현금이 있더란다. 그 금액으로 가기로 합의하고 출발을 했단다. 상식적으론 비싼 금액이다. 가던 도중에 휴게소에서 잠도 두 시간이나 자고, 카드로 결제하는 밥도 얻어먹었다는 기사. 참 배짱 있는 기사였다. 이야기를 듣고 있던 택시기사도 끼어들었다.

"휴게소에서 도망갈 수도 있었겠네요."

"그럴 수도 있지만 사나이가 약속을 깨면 되겠어요? 그래선 절대 안 되지요!"

대답이 단호했다. 스스로가 믿음직하고 양심 있다는 증표인 듯도 했다.

그렇다. 이 밤이 지나고 새로운 밤이 와도 그는 운전을 계속할 것이다. 소신껏 의지대로 열심히 살기를 바란다. 세상사 모든 게 나름의 가격표가 있는 법이니까.

*술 마신 사람과 대리운전자가 직접 만나 대리운전을 하게 된 경우.

마이웨이

색다른 길을 가다가 또 다른 길을 걷게 되었다. 어떤 선택이든 그 길은 나의 운명이었나 보다.

"아저씨, 몇 시간 일하세요?"

"8시간 일합니다."

"그럼 한 달에 얼마나 받아요?"

"○○○만 원이요."

"퇴직금과 보험 같은 것도 적용되고요?"

"물론이지요."

"아저씨, 그래도 대리기사를 하는 것이 더 나을 거예요. 짧은 시간 일하고 더 벌 수 있으니까요."

진짜 그럴까? 믿어야 할지 말아야 할지 나는 반신반의했다. 그런데 가끔 오는 여기사들도 대리기사가 나을 거라고 권했다. 심지어 어떤 사람은 전화번호를 주면서 하고 싶으면 자신에게 전화하란다.

짧은 시간이란 말에 혹했다.

본래 내가 튼튼하지는 못해도 아픈 데 없이 잘 지내왔다. 마음속으론 항시 건강하다고 자부했다. 5시간 등산코스도 20분 휴식이면 충분했다. 그런데 어느 날 밤새 허리가 아팠다. 뒤집기를 못할 만큼 통증이 심했다. 화장실도 갈 수 없었다. 가끔 다니던 보라매병원을 찾았다. 큰 수술할 정도는 아니라서 주사 시술을 받았는데 일주일 만에 재발했다. 주사 시술을 다시 요구하니 안 된다고 하지 않은가.

어쩔 수 없어 한방병원에서 침 시술을 했다. 2주간 입원했다가 퇴원했다. 통원 치료를 받으며 재활 운동을 했다. 그래도 오래 앉아 있을 수도, 서 있을 수도 없었다. 서다 앉다 눕다 그때그때 편한 대로 몸을 가누었다. 일상생활엔 암흑의 그림자가 드리워졌고 하루하루가 괴로움과 고통의 연속이었다. 20여 년 운영하던 사업장을 완전히 접었다.

통증으로 집에서 6개월을 쉬었다. 재활하면서 일할 수 있는 곳을 찾아야 했다. 마음 한편에서는 글 쓰는 공부를 하고 싶었다. 그렇다고 공부만 전념할 형편은 못 되었다. 공부도 하면서 용돈을 벌 수 있는 곳, 야간에 일할 수 있는 곳을 찾고 싶었다. 조건은 운동이 되는 일자리였다.

우여곡절 끝에 큰 주유소에서 야간 업무를 책임지는 일을 맡았다. 그곳에서 일하는 동안 건강도 많이 회복되었다. 짧은 거리는 뛰어다니기도 했다. 그렇게 1년 6개월을 보내고 있을 즈음, 일이 발생했다.

상당한 물품이 부족하다는 것이었다. 나는 몰랐던 일이다. 소장은 난리를 쳤다. 어떻게 된 일이냐고.

　물건이 들어오면 매번 몇 통씩 가져가는 사람이 있었다. 주유소에 달린 카센터 책임자였다. 나는 카센터도 주유소에서 함께 운영하는 줄 알았다. 먼젓번 일하던 책임자가 당연하다는 듯이 물건을 주었으니까. 그때는 그것이 잘못하는 일인 줄 몰랐다. 결국 상당한 돈이 새어나간 것이었다. 소장에게 전후사정을 사실대로 말했다. 기름도 엄연한 현금이다. 책임자는 물품을 받는 것도 중요하고, 지키는 것은 더욱 중요했다. 기름은 들어온 만큼 컴퓨터에 체크된다. 또한 판매된 물품도 줄어든 만큼 체크가 되기 마련이다. 책임자는 근무시간에 일어나는 모든 것에 대한 방범 역할을 해야 한다. 계획된 범법자는 가까이에 있는 법. 아는 놈이 도둑놈이었다. 그는 또한 소장과 절친한 사이였다. 그래도 책임자인 나는 그 일로 주유소를 그만둘 수밖에 없었다.

　그 주유소는 편의점도 함께 운영했다. 늦은 밤에는 대리기사들이 들락거렸다. 기사들의 이야기를 들을 수 있었고, 그게 대리기사를 하게 된 계기였다.

　대리기사를 시작하고 얼마 지나지 않아서였다. 주유소 편의점에 들락거렸던 기사들의 말이 다르다는 사실을 금세 알아챘다. 그날그날의 수입만 얘기했지 지출에 관해서는 한마디도 하지 않은 것이다. 그리고 난 밤새 일할 건강은 아니었다. 힘은 몇 곱이나 더 들었다.

사실 밤새도록 할 일거리도 없었다.

대리기사들은 대체로 새벽 1시 넘어 한가한 시간에 들어와 간식을 먹고 커피를 마셨다. 실제 대리기사 일을 하게 되면 새벽 1시쯤이면 일거리가 줄었다. 1시 손님을 목적지에 모셔다주면 2시가 된다. 그 시간이면 일이 거의 없어 집으로 간다. 나머지 소량의 일을 밤새도록 하는 기사들이 나누어 골라 타는 셈이다.

지금 한 달 수입을 놓고 봐도 주유소가 더 많았다. 또 일요일이면 쉴 수가 있었다. 퇴직금과 사회보장보험도 받았다. 대리기사는 어떤 혜택도 전혀 없다. 사고가 나도 자신의 돈으로 처리해야 한다. 단지 내 자유스러움이 있고 짧은 시간 일한다는 장점이 있을 뿐이다. 그저 일용직에 불과하다. 그마저도 일한 만큼만 주어지는….

하지만 내 선택이 잘못되었다고 생각하지는 않는다. 비록 수입은 적어도 낮이면 내 시간을 낼 수 있다. 무엇보다도 낮에 책을 볼 수 있는 시간이 나는 행복하다. 대리기사 일은 정신이 맑고 움직일 수 있을 때까지 할 수 있는 일이라는 생각도 든다. 비록 큰돈은 못 벌어도 내 마음이 편한 것으로 만족한다.

삶은 결국 선택의 연속이다. 어떤 선택이든 다 뜻이 있다. 다만 그 선택들이 삶마다 다를 뿐이다.

그래도 살 만한 세상

손님에게 전화했더니 다짜고짜 따져 묻습니다.

"전화 받은 지 얼마나 됐어요?"

"무슨 말씀 하세요? 저는 막 핸드폰 켜고 클릭해서 전화한 것인데요."

손님은 화가 나 있었습니다. 오래 기다렸는데도 어떤 대리기사에게도 전화가 없었던가 봅니다. 아니, 다른 기사에게서 전화가 왔었지만 기사와 손님과의 위치가 너무 멀어 기사가 거부했음이 틀림없습니다. 그런 이유로 그는 내가 있는 위치가 어디냐고 따지고 듭니다. 가까운 곳이라고 설명해도 먼 곳에 있는 역 이름을 대며 그곳에서 오는 것 아니냐고 따지듯이 묻습니다. 5분이면 도착할 수 있다고 시간까지 제시해 주었습니다.

내가 잘 아는 지역이기에 개천가 지름길로 열심히 뛰어갔습니다. 정말이지 5분밖에 걸리지 않았지요. 다시 전화를 하니 받지 않습니다. 손님이 대기하고 있다는 곳에 비상등을 켜고 있는 차가 있습니다. 노크하니 문을 열어 줍니다. 바로 앞에 있던 차가 조금 전에 출발했다고 하네요.

괘씸했습니다. 불과 5분 전에 통화할 때는 기다리겠다던 사람이 이렇게 골탕을 먹였습니다. 일부러 그랬다는 생각이 듭니다. '내가 오래 기다렸으니 기사 너도 엿 먹어라.' 이거 아니겠습니까. 나는 핸드폰 켜자마자 클릭했고 약속했던 대로 시간 맞춰 도착했는데…. 엉뚱하게도, 다리도 성치 못한 이 기사는 열심히 뜀뛰기를 하고 말았습니다. 서운한 생각이 들어 젊은 사람에게 약속은 지켜야 하는 것 아니냐고 한마디 하고 싶었는데…. 전원까지 꺼버린 핸드폰은 입 닥치라고 후려치는 싸대기 같았습니다.

대리기사 오라고 해 놓고 가버린 사람은 갈수록 늘어만 갑니다. 길을 가던 젊은이가 노인에게 담뱃불 좀 달라고 합니다. 담배를 피우지 않는다고 하면 정색하고 쳐다봅니다. 책망이라도 하게 된다면 얻어맞기에 십상이지요. 그래 책망할 엄두를 내지 못한 사회가 되었습니다. 이 또한 서글픈 현실입니다.

하지만 서글픈 일만 이어지는 것은 아닙니다. 한번은 서로 모르는 두 사람이, 같은 시간 같은 장소에서 기사를 불렀나 봅니다. 제가 먼저 도착을 했던가 봐요. 손님은 대리기사냐고 물었고, 저는 그렇다고 대답했지요. 타라고 했습니다. 4km쯤 달렸습니다. 그런데 손님에게 전화가 왔어요. 다른 대리기사였습니다. 손님은 미안하게 됐지만 차를 돌리라고 하더군요. 제가 끌고 가야 할 차가 아니라고. 전화

했던 기사가 기다리고 있으니 되돌아가자는 것입니다. 저는 수긍했지요. 10여 분 시간이 지체되었지만 전혀 불만이 없었습니다. 손님도 잘못이었지만 제게도 잘못이었습니다. 출발할 때 앱에 적힌 도착지가 달랐기에 이상하다고 생각했습니다. 그러나 가끔은 행선지를 바꿔 출발하는 경우가 있기에 그런 거로 생각했습니다. 손님은 손님대로 자기 혼자만이 대리기사를 부른 것으로 생각하고 타라고 했던 것이고요.

보통 그런 경우에는 손님은 그냥 가자고 합니다. 타고 있는 그대로 가는 경우가 대부분입니다. 그런데 그분은 그렇지 않았습니다. 됨됨이가 그대로 전해왔지요. 그 손님은 이렇게 말하더군요.

"내가 그냥 이대로 간다면 나를 찾아온 기사는 나를 원망할 것 아닙니까. 그러니 되돌아가자는 것입니다."

백번 지당한 말씀입니다. 대리기사를 하다 보면 이렇게 좋은 사람도 자주 만나게 됩니다. 좋은 사람이라기보다 올바른 사람이지요. 간혹 이 좁은 땅에 많은 사람이 오밀조밀 모여 살기에 좀 삭막하다는 생각을 자주 하게 됩니다. 그렇지만 이렇게 바른 사람들이 있기에 이 사회는 나쁘지 않게 흘러갑니다. 서글프지 않은 현실, 그래도 살 만한 세상입니다.

말로 하는 최고의 선물

"아버지! 인정할 수 있지요? 칭찬하는 일이 너무 인색하다는 거 말입니다. 또한 위로해 본 일도 없으셨잖아요. 언제나 제게 타박만 하셨어요. 그렇게 하시는 것이 아버지의 권위입니까. 그뿐이 아닙니다. 자식들에게 한 번도 고맙다고 말해본 일이 없습니다."

손님은 핸드폰에 대고 울먹이고 있었다.

"제 딴에는 고르고 골라, 제일 좋은 것으로 고른 것인데. 하찮은 것이라고 탓하시면 제 맘이 어쩌겠습니까. 그것이 설령 가짜일지라도, 아버지는 고맙다는 말부터 해야 옳은 일입니다. 그런데 아버지는…."

전화 소리는 멀어지기도 하고, 가깝게 들리기도 했다. 손님과 그의 아버지 사이 대화는 계속 이어졌다. 운전자인 나는 아버지가 하는 말은 알아들을 수 없었지만, 아들이 하는 말로 미루어 짐작할 수 있었다.

어버이날에 아들이 아버지에게 장뇌삼즙을 선물로 보냈다. 그는 장뇌삼을 키워 가공하여 판매하는 사업을 하는 것 같았다. 그러니 가짜를 보내지는 않았을 터인데 아버지는 그걸 믿지 않는 모양이셨다. 그뿐이 아니었다. 아들이 하는 모든 일을 못 미더워하고, 매사에 칭찬보다는 비난 일색이었던 모양이다.

칭찬에 인색한 아버지. 그것은 아들의 마음속에 늘 똬리를 틀고 있었다. 아들은 자수성가하여 개인 사업을 힘들게 일군 것 같았다. 때로는 호황을 누린 때도 있어 많은 돈을 벌기도 했단다. 그렇지만 어려울 때도 있기 마련인데, 아버지는 아들에게 위로의 말을 해본 일이 없다는 것이다. 자신의 사업이 잘될 때 형제들이 어려워하면 이 아들이 다 막아 주었다고. 그래도 아버지는 단 한 번도 잘했다는 말 하지 않았다며 전화통에 푸념을 쏟아붓는 중이었다. 제발 칭찬하는 것에 인색하지 말고 격려 좀 해줄 수는 없느냐고. 그 말을 듣기만 해도 힘이 나겠단다. 전화를 끊을 듯 말 듯하면서 죄송하다는 말을 사이사이 끼워 넣으면서 아버지의 잘못을 지적하고 있었다.

운전하면서 듣는 거지만 이야기를 하는 아들은 정말 효자였다. 아버지가 화나지 않게 부친의 잘못을 조목조목 들이밀면서 이해시키는 듯했다.

아버지는 혼자 사시는 것 같았다. 국수를 끓여 놓고 전화 때문에 먹지 못하는 듯했다. 이런 처지를 누가 과연 관심 두고 보고 있느냐고 질책하면서…. 그래도 아들인 자신은 걱정이라도 하고 있지 않으냐고 반문했다. 또한 그는 아버지의 생활비를 다 대주고 있는 것 같았다. 그러면서도 자신이 어려울 때 아버지는 사업자금은커녕, 걱정 한번 해 본 적 있느냐고. 그럴 형편이 안 된다는 것을 안 아들은 부친에게 바라지도 않았고 원망도 하지 않는단다. 그가 바라는 것은 오로지 아버지의 따뜻한 위로를 받고 싶다는 설명이었다.

효자 아들은 이제 초등학교 저학년인 딸이 있는 모양이었다. 곧 생일이 다가온단다. 손녀를 예뻐만 할 것이 아니라 생일선물도 사주며 칭찬을 해보란다. 아들의 나이는 40대 중반으로 보였다.

통화 소리를 들으며 나의 큰형님을 생각했다. 형님도 자식들에게 칭찬과 위로가 인색한 편이었다. 그러니 자식들은 아버지를 살가워하지 않았다. 안타깝게도 본인 자신은 그런 사실을 알지 못하고 있었다. 가령, 자식들이 선물을 사가면 타박하기 일쑤였다. 뭣 그런 것을 사 왔느냐고…. 최고급만을 선호하셨다. 애써 사가는 자식의 형편은 생각하지 않으셨다.

언젠가는 내가 그런 잘못을 본 대로 이야기했다. 형님 입장만을 생각하지 마시라고. 형님이 잘살아서? 아니, 스스로 경제적 자립을 하며 공부했던 패기 때문인지도 모른다. 어쨌든 이런 아버지의 모습을 보고 있는 자식들은 민망해할 때가 가끔 있다.

칭찬은 재물이 아닌 말로써 할 수 있는 최고의 선물이다. 우리는 왜 그런 표현을 쉽게 하지 못할까. 그것도 하나의 습관이라는 생각이다. 어른으로부터 제대로 배우지 못한 관습. 이런 버릇을 몸에 익히지 못한 어른들은, 경쟁심에서 비롯되었다고도 할 수 있다. 다른 사람을 이기기 위해서, 상대를 깎아내려야 한다는 사실. 당연히 칭찬을 게을리할 수밖에 없다. 이는 우리의 잘못된 사회구조에서 비롯되었다는 생각이다.

어둠이 오면 남의 차를 운전하는 나. 만나는 사람마다 다른 이야기를 듣는다. 이 손님은 내가 출발하기 전부터 전화하고 있었다. 목적지에 도착하고서야 겨우 끝을 맺었다. 40여 분 동안 마음에 맺힌 아들 말을, 전화기 너머 아버지는 어떻게 받아들였을지 궁금했다. 세상 모든 아비는 자식이 자신보다 훌륭하면 자랑스럽지 않은가.

난 도착지가 가까워지면서 자꾸 백미러를 힐끔거렸다. 착한 효자의 얼굴이 보고 싶어서였다.

진짜 프로기사

집으로 가려고 정거장을 찾았을 때였다. 삐쩍 마른 얼굴에 눈은 휑하게 쑥 들어갔고 피부는 까무잡잡하고 땡볕에서 일하는 노동자 모습 꼭 그대로였다. 얼굴 모습은 달걀처럼 갸름했으며 체구는 장작처럼 바짝 마른 모양에 채양이 달린 흰색 나이키 모자를 썼다. 그곳 정거장에서 대기하고 있는 기사 생김새다.

그는 버스 정거장의 긴 통나무 의자에 혼자 앉아 열심히 PDA를 들여다보고 있다. 내 PDA는 죽은 듯이 조용한데…. 앉아 있는 기사는 무엇에 그렇게 열중일까. 혹시 PDA로 게임이라도 즐기고 있나 생각했다.

"콜 좀 있나요?"

나의 물음에 그는 고개를 쳐들고 빙그레 웃는다.

"있긴 뭐가 있어요. 그냥 들여다보고 있는 거지요."

하얀 앞니를 드러내며 웃는 모습이 너무도 순진해 보인다.

시간은 새벽 1시 40분을 찍고 있다. 안양시 관양동 종합운동장 네거리 서울 방향 정거장이다. 여름에서 가을로 넘어가는 간절기. 낮에는 아직 짧은 남방을 입어도 괜찮았으나 밤은 낮보다 기온이 많이 내려간다. 나는 얇은 긴 남방을 입고 있다. 그러나 앉아 있는 기사는 아직 반소매를 입고 있다. 스치는 바람으로 추워 보인다.

밤을 잊은 빈 택시들은 손님을 찾아 벌떼처럼 몰려다니고, 손님을 태운 택시는 총알처럼 질주한다. 대리기사 생활을 하기 전에는 밤에 이렇게 많은 사람이 잠을 자지 않고 생활하는지를 몰랐다. 난 술을 좋아하지 않는다. 그러니 밤이면 돌아다닐 일이 없었다. 마흔이 넘어서 생맥주 한 잔씩 마시기 시작했다.

깡마른 기사 옆에 앉는다. 진짜 프로다운 기사들은 일하는 시간에 옆 사람과 잡담하지 않는다. 0.5초 사이에 일을 잡고 놓치는 촌각을 다투는 경쟁인데 어찌 잡담을 하겠는가. 그렇게 집중해 일하는 사람은 나 홀로 있어야 한다. 외톨이가 되어야 한다. 반대로 다른 기사들과 잡담을 늘어놓고 웃으면서 콜을 잡는 기사들은 자동으로 기계가 콜을 잡아주는 프로그램을 PDA에 깔고 다닌다. 보통 기사들보다 앞서가는 프로그램을 손에 넣고 다니는 꼴이다. 그렇지 않다면 '지진다'는 일을 하고 있다. 클릭할 수 있는 버튼을 연속적으로 계속 눌렀다 놓는 일을 말한다. 그것은 엄지손가락만이 할 수 있다. 이런 일을 오래 계속하다 보면 손에 쥐가 나기도 한다. 또 다른 방법은 지정해 놓은 버튼을 계속 누르고 있으면 자동으로 클릭이 되는 방법을 사용한다. 이런 방법은 벌점을* 많이 물어야 하는 단점이 있다. 하지만 그까짓 벌점쯤은 물을 각오를 하고 한다. 그러니 대리기사들의 세계서도 남보다 일을 더 하기 위해 온갖 방법들을 다 동원하고 있는 셈이다.

난 아직 그런 방법을 사용하지 않는다. 그래서 맨날 뒤처진다는 것도 알고 있다. 그래도 그렇게 하지 않는 이유는 불법이 싫어서다. 아직 많은 기사가 자신들이 가고 싶은 곳을 직접 클릭을 해서 일감을 잡고 있다고 생각하면 되겠다.

깡마른 기사와 내가 앉아 있는 곳 뒤편에는 음식점 골목이 길게 늘어서 있다. 흥청대던 시간은 깊어 파장할 무렵이다. 지금은 한산한 편이다. 문을 닫아버린 음식점이 더러 있다. 따라서 대리기사들도 끝나는 시간이다.

깡 기사의 일하는 방식에 대하여 나는 이런저런 것들을 물어본다. 싫지 않은 표정으로 웃으면서 꼬박꼬박 대답해 준다. 같은 기사로서 주고받는 이야기다.

그는 대리기사 생활은 2년이 되었다고 한다. 뿐만 아니라 택시기사를 10년 넘게 했다고 하지 않는가. 그의 머릿속에는 수도권 일원의 지도가 거미줄처럼 세밀하게 들어차 있다. 그런 내공으로 도착지가 아무리 절벽일지라도 다음 이동할 장소를 쉽게 가늠할 수 있다. 그런 비결은 첫째도 둘째도 기다림이란다. 넉넉한 기다림은 반드시 월척(금액이 많은)을 낚을 수 있다고 한다. 대신 집으로 되돌아가는 시간은 아침 7시가 될 수도 있고 더 늦어질 수도 있단다. 그는 정해진 시간이 없다. 일이 앞에 놓이면 시간과 장소를 가리지 않고 출발을 한다고 한다. 아무튼 그는 대리기사라는 업을 철저히 마음에 새기고 다니는 사람 같다. 진짜 프로기사답다.

그는 장거리 콜을 좋아한다고 한다. 보통 기사들이라면 누구나 하는 서울에서 위성도시로 가는 것을 즐기는 것이 아니라, 위성도시에서 위성도시로. 경기 일원의 어디라도 가리지 않고 다닌다고 한다. 그러다 보면 반드시 금액이 많은 부름이 있고, 더불어 팁도 더 많이 따르게 되더라고 너털웃음을 웃는다.

하지만 그가 아무리 좋은 이야기만 해도, 앞일은 적확히 예측할 수 없다. 원숭이도 나무에서 떨어질 때가 있듯이, 반드시 그런 행운만 있는 것이 아닐 것이다. 꼴 박는** 일이 어찌 안 따르겠는가? 때로는 엉뚱한 곳에서 날을 새기도 한다는 깡 기사. 하나님이 그에게만 좋은 선택을 주는 것도 아닌데, 꼭 양지만 있을 수 있겠나? 음지도 있기 마련이다. 마지막 종착지는 평범한 길로 나오게 되어 있다. 이것이 세상의 진리다. 결론은 그도 부지런함과 끈기로 무장된 기사일 뿐이다.

얼마 전에는 이런 일도 경험했단다. 시내를 운행 중에 손님으로부터 포항까지 왕복 운행할 것을 제안받았다. 서로 적당한 수고료를 정하고 운행을 하게 되었다. 콜센터를 통하지 않고 합의했으니 수수료는 없는 경우다. 더 많은 수입을 올렸다. 포항에 도착해서 한 시간을 쉬고 다시 서울로 올라왔다. 그날 밤은 너무 과중한 운행이었다. 결국 피곤해서 다음 날 일을 하지 못했다고. 결론은 아니 간 것만 못했다는 사실이다. 욕심을 너무 부렸다. 포항을 가지 않았더라도 이틀에 걸쳐 그 수입은 올렸을 거라는 말이었다. 자신의 건강에 맞게 일을 해야 한다고 강조하기도 한다.

 난 집이 있는 방향으로 가는 셔틀을 탄다. 그는 그곳에서 계속 기다릴 것이다. 월척이 뛰어오르기를 바라며.

 그 후 두 달 정도 지나서다. 예전에 공군사관학교가 있던 자리, 보라매타운이다. 어느 빌딩 아래서 PDA에 열중인 사람이 있다. 어디서 본 듯하다. 프로기사 바로 그다. 그는 여전히 혼자다. 어디 장거리 콜을 고르고 있는지. 그도 나를 알아보고 빙긋 웃으며 손을 들어 준다. 강자는 여전히 여유 있게 웃는다.

* 콜센터에서 먹인 벌점인데, 콜을 잡았다가 가지 않겠다고 반품하면 1,000원의 벌금을 먹였다. 그 제도를 오래 유지하다가 지금은 30분간 콜을 잡지 못하게 막아 버림.

** 되돌아 나오려면 시간을 많이 소비하고, 택시를 타야 하는 구석진 곳.

3장

보릿고개 •
마이 썬 •
닌호아의 맥주 한 캔 •
명성산의 가을 합창 •
못다 핀 꽃 •
떠도는 흔적 •
운명인가 숙명인가 •
개들이 우는 사연 •
어머니의 빨강 머리 •
내 인생의 3분대 •
하늘나라 쪽배 •
덕구 •
강현욱 선생님 •
3월 풍경 •
경상도 아주머니 •

보릿고개

우리 아파트의 봄은 특별한 안내방송으로 온다.
"안녕하십니까. 텃밭에 쓸 퇴비 가져왔습니다."
수량이 부족할 수 있으니 텃밭 입구로 빨리 나오라는 안내다. 한 포에 3,500원이란 멘트도 빼놓지 않는다. 진즉 게시판에 공고했던 내용이다.
매년 겨울이 끝나는 3월 중순이면 퇴비를 8t 트럭 가득 가져왔다. 오밀조밀 붙어 있는 텃밭은 총 2,000평인데 376세대가 고루 나눠 분양을 받았다. 통로와 테니스장 그리고 쉼터를 빼면 실제 경작할 수 있는 면적은 세 평쯤이다. 그래도 그 작은 땅에서 가꾼 채소가 서너 식구 식탁을 풍성하게 채워준다.
한창 무더운 여름에 텃밭을 꼼꼼히 살폈다. 꽃밭으로 가꾸는 집도 있지만 어떤 집은 고구마 감자 땅콩 등 다양한 작물을 심었다. 그중에서 내 눈에 띄는 것은 보리였다. 아이들 소꿉장난하는 것처럼 좁은 땅에 보리를 심었다는 사실이 놀라웠다. 또 밭벼를 심은 집도 있었다. 그런 곡물은 꼭 수확하려고 심은 것은 아닐 게다. 아이들에게 곡식이 되는 과정을 보여주고 직접 체험하게 하는 교육의 장소로 쓰려는 부모의 마음이 눈에 훤히 보인다. 또한 토마토와 오이를 직접 따게 하여 음식의 소중함을 가르치고, 꼬마친구들은 모여드는 곤충을 살피고, 벌과 나비가 함께 친구가 되게 하는 곳, 그게 바로 텃밭이다.

언젠가 한 여인이 목이 노랗게 익은 보릿단을 안고 가는 것을 보았다. 화병에 꽃처럼 꽂으려는 듯싶었다. 그 모습을 보니 어린 시절이 떠올랐다. 보리가 한창 바람에 여물어 갈 때, 나는 많이 굶주렸다.

56년 전 까마득한 일이다. 전남 해남읍에서도 남쪽으로 20km 더 내려가면 내 고향이다. 집 앞에는 넓은 들이 펼쳐져 있고, 뒷산은 우거진 소나무가 끝없이 이어졌다. 논이 많고 밭은 적었다. 더구나 밭은 산모퉁이를 돌아 한참을 가야 했다.

나는 중학교를 읍내 학교로 가게 되었다. 그즈음 세 살 많은 형도 읍내 고등학교로 진학해 함께 자취를 했다. 작은 읍내는 평지였지만 구교리라는 동네는 큰 산자락 아래 약간 비탈진 곳인데 읍내 서쪽이 다 내려다보였다. 동쪽에는 동초등학교와 세무서, 은행이 있었고 서쪽에는 서초등학교와 종탑이 조뼛이 솟은 고딕 양식의 성당이, 그리고 조금 떨어진 곳엔 중고등학교가 함께 있었다. 군청에서 남쪽으로 쭉 뻗은 도로는 땅끝 가는 길, 바로 우리 집 가는 길이었다.

당시 모든 도로는 비포장이었다. 택시도 구경할 수 없던 것으로 기억된다. 버스와 트럭이 지날 때면 누런 흙먼지가 휘날려 읍내 도로에는 자주 물을 뿌렸다. 물세례를 못 받은 변두리는 비 오는 날 외에는 언제나 흙먼지가 날렸다. 우리가 자취하던 주인집은 30촉 전구로 방을 밝혔지만 별채인 우리 방엔 호롱불만 깜빡댔다. 물론 집은 기와집이 아닌 초가집이었다.

밭둑길은 학교 가는 지름길이었다. 주로 학생들이 그 길로 학교를 오갔다. 조금 넓은 둑길. 그 길 주변에서 자라는 작물은 온통 보리였다. 등하교 시간에 불어오는 바람은 바다처럼 보리 물결을 일으켰다. 그 물결의 끝은 늘 어머니를 향한 그리움이었다.

보리 수확이 끝나면 배추를 심는다. 늦가을, 배추 수확이 끝나면 또 보리 씨앗을 파종한다. 씨앗은 겨우내 움을 틔우며 봄을 맞고, 자신이 영글어갈 여름을 기다린다. 그곳은 매년 그렇게 보리를 심었다. 입학할 때 보리 싹은 내 빡빡머리처럼 싱싱했다. 새로운 친구들이 생기고 중학생이 되었다는 자부심으로 학교생활은 즐거웠다. 군사정부의 혁명 공약을 외우는 것조차 싫다고 느낄 새가 없었다.

자취하면서 한 달치의 식량을 한꺼번에 집에서 가져왔다. 그때 형은 테니스를 배우기 시작했는데, 용돈이 부족했는지 그중 절반을 팔아먹었다. 나는 그런 사실을 어머니께 말할 수 없었다. 형이라는 존재는 언제나 대장 그 이상이었으니까. 또 남자끼리의 의리도 있잖은가.

시간이 멈추길 바랄 때가 있었다. 보리가 여물어 갈 때쯤이면 사흘 동안이나 굶으며 학교에 다녔다. 하루 이틀은 배고픔을 물로 채울 수 있었지만 3일째는 힘이 없어 졸음만 쏟아졌다. 집에 와서 잠자리를 펴려고 이불을 들추는데 그 속에 밥 한 공기가 있었다. 형이 넣어둔 게 분명했다. 왈칵 눈물이 났다. 뱃속이 허기뿐인데도 혼자 먹을 수는 없었다. 그때 형은 며칠째 자취방에 들어오지 않았고, 어디 있는지도 몰랐다. 그런 형이 그날 밤 8시가 넘어 들어왔다.

"형, 어디 있었어?"

목소리도 나오지 않았다. 형은 친구 집에 있었다며 귀찮다는 듯 더 묻지 말라 했다. 어서 밥이나 먹으라고. 자기 때문에 동생인 내가 굶주리고 있는 사실 만큼은 미안해했다. 처량한 처지에 울컥 목이 멘 나는 저녁을 굶고 그냥 잠을 잤다. 다음 날 아침에 우리는 이불 속 밥을 끓여 먹고 허기를 달랬다. 그날 나는 학교에 가지 않았다. 차비를 어디서 구했는지 기억이 나지 않지만 그 길로 고향 집으로 갔다.

나의 보릿고개는, 그 시대의 보편적인 가난 때문이 아니었다. 형의 철없는 욕심 때문이었다. 그때의 배고픔은 두고두고 잊을 수가 없다. 다행인 것은 그 추억이 그리 슬프지 않다는 사실이다. 고향에 가면 언제든 받을 수 있는 어머니의 밥상 때문이 아니었을까. 한창 먹성 좋던 시절 나만의 특별한 보릿고개. 보리밭의 그 초록 물결이 나를 더 단단하게 했다.

누구나 추억을 가슴에 품고 세상을 걷는다. 인생길에서 하나둘 꺼내보는 그 추억들이 빛바랜 사진처럼 옛날의 나를 비춰준다. 그 빛에 나를 의지해 또 길을 간다. 내가 보릿고개를 넘어 여기까지 온 것처럼.

마이 썬

오밤중에 글을 쓰다 생각이 막힌다. 깜깜한 절벽이다. 이럴 때는 글을 놓아주어야 한다. 더 붙들면 서로가 엉킨다. 그냥 잠을 자는 게 상책이다.

잠들기 전에 꼭 가게 되는 화장실. 그곳은 하루를 마감하는 곳이다. 다음 코스는 아들 방. 잠자는 모습을 보려고 살며시 문을 열고 들어간다. 청년이 된 아들이다. 그래도 혹시나 이불을 걷어차고 팔은 내놓지 않을까, 베개에서 머리가 떨어져 있지 않을까. 여전히 노심초사하는 모습을 굳이 부정父情이라고 변명하고 싶다.

어느 날 밤, 문득 독백이 튀어나왔다. '야! 너, 아직도 아들을 어린 애로 보고 있구나. 이제 그만 놓아주지. 너보다 한 뼘이나 더 크잖아.'

곧 혼삿날을 잡을 아들이다. 그런 이놈이 자박자박 뛰는 걸음을 하던 어린 날, 아비 어미의 애를 태웠다.

아들이 세 살이 되었을 때 번잡한 지하철역 입구에서 잃어버렸다. 순간이었다. 난 그때 지하철역 입구에서 조그만 선물가게를 하고 있었다. 창고를 정리하는 중이라 끝내고 돌봐 주려고 했다. 일을 마저 끝내고 녀석을 찾으니 보이지 않았다. 제대로 걷지도 못하는 아이라 혼자 갈 곳이 없었다. 의심스러운 곳은 지하철역. 계단을 뛰어 내려가 역무원들에게 물었지만 세 사람 모두 보지 못했단다. 애가 타고 숨이 턱 막혔다. 아직 계단을 혼자서 오르내리지 못하는 걸음걸이었다. 계단도 엉덩이로 밀면서 내려 가야 하는 꼬마둥이였다. 어른의 도움 없이는 무엇 하나 할 수 있는 게 없고 어디고 갈 데가 없는 어린애였다.

찾는다고 헤맨 시간이 한 시간이 훨씬 지나갔다. 조바심이 났지만 냉정하자, 침착하자, 스스로 주문을 걸었다. 이리저리 생각하고 뒤져도 역시 지하철뿐이었다. 다시 지하철역으로 내려갔다. 다른 역무원에게 어린 아들 상태를 설명하고 도와 달라고 매달렸다. 어디론가 전화를 하더니 서울대입구역으로 가보라 했다. 이건 또 뭔 소린가. 애가 없어진 곳은 신림역인데 두 정거장이나 더 가 있다니….

이 녀석은 둘째다. 잘 울지 않고 누구라도 잘 따랐다. 엉덩이로 계단을 내려가는 어린애를 누군가 보고 엄마를 잃은 것으로 생각한 듯했다. 그래서 자신이 가던 곳으로 아이를 데리고 전철을 탔고, 서울대입구역에서 내리며 역무원에게 아이를 맡겼을 것으로 추측되었다. 속으로 하나님을 외쳤다. '오! 감사합니다. 감사합니다.'

남에게 도움을 주는 일은 참으로 고마운 일이다. 하지만 이런 경우는 확실히 오산誤算이다. 당연히 목격되었던 곳, 신림역에 아이를 맡기는 게 상식이다.

아들은 서울대입구역을 거쳐 선릉역으로 보내졌다. 그곳에서 다시 가까운 파출소로 보냈단다. 선릉역에서 아이의 모습을 설명하니 비슷하다는 말을 들었다. 그제야 한숨을 내려놓았다. 잠시의 방심이 큰일을 낼 뻔했다.

파출소에 가서 아이 이름을 밝히고 있을 때 어느 구석에서 아들의 울음소리가 들렸다. 파출소 잡일을 돕는 청년이 과자로 아이를 달래는 중이었다. 나도 모르게 왈칵 눈물이 났다.

"창우야, 아빠 왔다."

둘째는 금세 목소리를 알아듣고 큰 소리로 "아빠!" 하고 불렀다. 그러고는 자신을 달래주던 청년을 밀쳐내듯 소리를 질렀다.

"가! 가!"

'이런 배은망덕이라니!'

자박자박 뛰어오는 소리에 나의 심장이 쿵쿵 울렸다. 녀석은 내게 덥석 안기더니 울음을 터뜨리고 말았다. 얼마나 놀랐을까. 얼마나 낯설고 무서웠을까. 엄마 아빠가 얼마나 보고 싶었을까. 내가 안타까웠던 것 이상으로 아들 녀석도 그랬을 것이다.

아들은 대학에 입학하고 8년 만에 졸업했다. 군대 2년, 해외 영어 연수 2년을 마치고 돌아온 때는 시퍼렇게 추운 1월 하순이었다. 하지만 공항 입국장에 들어선 아들 옷은 여름옷 그대로였다. 놈이 살던 곳은 호주 북쪽 케언스다. 그곳은 한여름이다 보니 흰색 와이셔츠만 입고 윗단추를 두 개나 풀어헤친 거친 야생마 그대로였다. 말[馬]이 긴장하면 갈기를 세우듯 놈도 머리칼을 하늘로 세우고 카트를 밀고 나왔다. 걸음걸이가 자신감이 넘쳤다. 엄마 아빠를 찾는, 두리번거리는 발걸음이 아니었다. 당당히 제 갈 길을 찾아가는 걸음이었다. 그 모습은 보기만 해도 든든했다. 지금도 그때의 힘찬 발걸음을 생각하면 마음이 뿌듯하다.

이 아들을 난 어렸을 땐 '못난이'라고 불렀다. 못생겨서 '못난이'라고 부른 게 아니었다. 너무 사랑스러워서 그냥 애칭으로 그렇게 불렀다. 사람들은 이 녀석을 잘생겼다고 하지 않는다. 예쁘게 생겼다고 한다. 잘생긴 것과 예쁜 것은 무엇이 다를까.

이젠 아들을 놓을 때가 되었다. 저를 좋아해 주는 여자가 생겼고, 저도 그녀를 사랑한다니 이제 내 맘을 접어야겠다. 이제 아빠의 응원은 조금 멀리서. 녀석의 독립에 박수를 보낸다.

닌호아의 맥주 한 캔

 온종일 햇볕이 내리쬐어도 젊음에 주어진 의무는 멈출 수 없었다. 온몸으로 부딪쳐 완성해야 하는 책임감이 컸다. 명령에 따라 움직이는 로봇처럼 군인의 하루는 거대한 군무群舞였다. 하루하루가 마음에 들지 않아도 이겨내고 견뎌내야 했던 젊음의 한복판. 군인의 삶은 특별한 신앙처럼 느껴졌다. 그래도 힘든 의무를 제대로 마치면 뿌듯함이 가슴에 꽉 차올랐다. 자갈밭에서 발굽이 굳어진 짐승은 세상 어느 길도 편히 갈 수 있다고 했던가.
 베트남 닌호아, 다이란 전쟁터는 참으로 무더웠다. 햇볕은 그렇다 쳐도 습한 기온에 땀이 빗물처럼 흘러내렸다. 빈혈 예방을 위해 정제된 소금을 먹어야 했던 시절이다. 식물이 자신을 보호하기 위해 예리한 가시로 무장하듯 군인도 특수 원단으로 만든 군복을 입어야 했다. 군복을 입으면 마음이 차분해지는 것은, 평소 길들인 음식을 먹으면 영혼이 포근해지는 것과 같은 이치였다.

작전을 나가면 짧게는 3일, 길게는 보름 동안이나 정글 속에서 지냈다. 보름이란 기간은 지루했다. 내 생명을 지켜줄 전투 장비는 무거웠다. 소총과 실탄, 수류탄 두 개와 클레이모어 지뢰 한 발 또 야전삽, 무엇보다 생명의 끈인 물통 서너 개. 거기에 작전 기간 먹을 전투식량, 바꿔 입을 내의 몇 장과 그 외 모든 장비를 합하면 40kg 가까이나 되었다. 긴박한 전투 상황이 끝나고 탈 없이 기지로 돌아오면 2~4일간의 휴식이 주어졌다. 캄란 해변 휴양지에서의 휴식은 꿀처럼 달콤했다.

그때만 해도 우리나라 경제는 어려웠다. 금수저도 드물었다. 대다수가 흙수저 신분이었지만 그런 중에 맥주를 마신다는 것은 호사스러운 일이었다. 지금 서민이 소주를 마시듯이 당시는 막걸리가 대중의 술이었다. 그런데 나는 그곳에서 가끔 맥주를 마셨다. 소대원 중에서도 행운아였다.

한 기지에 3개 중대가 있었다. 포병 부대와 대대본부 중대 그리고 보병 1개 중대였다. 나는 전투병이니 보병 중대원이었다. 매점은 기지 전체에 하나뿐이었는데, 포병 부대 한쪽 귀퉁이에 있었다. 우리 소대에서 그곳을 아는 병사는 단 두 명이었다.

어느 날, 귀국 직전의 소대 관리 최고선임이 맥주 한 캔을 들고 나를 찾았다. 귀국한다는 인사였다. 그러면서 그곳에 매점이 있다는 사실을 알려줬다. 더구나 그 매점을 관리하는 병사는 국내 부대에서 함께 근무했던 후배였다. 그는 원래 통신병이었고, 나는 탄약 관리병이었다. 그 후배는 갑자기 차출되어 베트남으로 떠났다. 그랬던 그가, 같은 기지 포병부대 매점 관리병이 되어 있었다. 나를 보고 깜짝 놀랐다.

"한 병장님은 언제 왔어요? 우연이네요."

그런 인연이 또 있을까. 포병과 보병으로 같은 기지에서 다시 만나다니! 참으로 반가웠다. 그는 병사들에게는 맥주를 한정된 수량만 판매한다고 한 달에 두 캔으로 제한되어 있다고 했다. 담당자가 본인이라며 으쓱할 때는 어깨가 벽돌 두어 장쯤 높아지는 듯했다.

"선배님은 언제라도 오세요. 마실 만큼 드릴게요."

이런 행운이 있나. 작전을 나가지 않으면 훈련으로 일과를 채웠다. 정말이지 훈련은 지겨웠다. 뜨거운 햇볕은 한증막이었다. 차라리 작전 나가는 것이 더 편했다. 위험이 도사리고 있었지만 그래도 정글 속 그늘에 묻히면 시원했다. 전쟁터라고 항시 총만 쏘는 게 아니다. 전쟁도 사람이 하는 일, 쉬어가며 싸웠다. 잠깐의 휴식은 바로 천상이었다.

특별한 일이 없을 때는 맥주 한두 캔 사다 마시면 기분이 좋았다. 우리 분대가 관리하는 초소 위에 모포를 깔고, 높고 깊은 하늘을 보면서 초롱이는 별을 바라보는 즐거움이라니! 작은 맥주 한 캔이 지구를 빙빙 돌렸다. 더위에 지친 마음의 피로도, 육신의 피로도 다 잊게 했다. 평소 적진으로 쏴대는 105밀리 포 소리가 아무리 커도 한 캔의 맥주는 내게 위안이 되었다.

어떤 무기도 마음의 평화는 가져다주지 않았다. 그러나 알코올의 힘은 모든 것을 잊게 했고, 그 시간만은 행복했다. 그런데 그때마다 훼방꾼이 나타났다. 후임이 나를 찾아 나선 것이다.

"한 병장님, 또 혼자 기분 내시네요. 나도 좀 끼워주세요."

"아! 그래. 우리 함께 마시자."

둥글한 얼굴에 까만 피부, 늘 웃는 표정. 군대 오기 전에 가수를 했다는 김상순 상병이었다. 그의 얼굴을 보면 왠지 동생이 떠올랐다.

반지하 벙커로 되어 있는 초소 지붕은 두껍게 흙으로 덮여 있고, 또 흙이 빗물에 흘러가지 않게 콜타르가 발라졌다. 그리고 위장막이 덮여 있다. 그 지붕은 따끈하게 데워진 온돌이었고, 톡 쏘는 크라운 맥주는 나를 전쟁터가 아닌 낙원으로 인도했다. 아득한 세월이 흘렀지만 가끔은 그때가, 그 젊음이 그립다.

명성산의 가을 합창

　이른 아침 호숫가 물안개가 잔잔하게 피어오른다. 오랜만에 찾아온 호수다. 명성산과 산정호수…. 얼마 만이냐. 마음이 급하다. 단풍들은 예전 그대로인가 내 눈으로 보고 싶다. 작은 폭포도 있고, 계곡 따라 흐르는 물에는 불가사리 모양의 단풍잎들이 떠내려간다. 세월이 변해도 산천은 여전히 의구하다.

　긴 여행의 시작이다. 나도 인생의 긴 여행 끝에 다시 출발점에 왔다. 계곡과 산들이 나를 바라본다. 나도 이들을 바라본다. 무엇이 얼마만큼 변했나. 서로가 서로를 마주본다. 예전엔 이 계곡과 산을 자주 찾았다. 그때 함께했던 아이들이 자라 결혼한다고 혼수를 준비하고 있다.

　가만 계산 해보니 마지막으로 이곳에 온 게 큰아들이 중학교 2학년 때다. 그놈이 지금 서른이다. 17년 만에 이곳을 다시 찾은 것이다. 그동안 내 인생엔 전환점도 많았다.

이곳도 변했다. 변해도 너무 많이 변했다. 이 넓은 주차장이 부족하여 주변 곳곳에 차들이 빼곡하다. 이 많은 사람은 다 어디에서 왔을까. 모든 길은 등산복이 알록달록한 꽃처럼 눈을 어지럽힌다. 컨베이어를 타고 산을 가는 기분이 왠지 낯설다. 예전에는 호젓한 산길이었는데.

꽃이 좋아 왔을까, 산이 좋아 왔을까. 도시를 떠나 산속에서 먹고 놀자고 왔을까. 웬 먹거리가 이리도 풍성할까. 국민의 녹을 먹고 사는 행정가들은 호수만큼 깊은 생각을 해야 한다. 산속까지 이토록 푸짐한 먹거리 장소를 만들어 주어야 하는가. 옛날 못 먹고 굶주렸던 행정가들의 한풀이 때문은 아닌지 의문스럽다.

산은 산답게 호수는 호수답게 놓아두어야 한다. 예전에는 모두 산다웠고 호수다웠다. 그런데 지금은 호수도, 산길도 중병을 앓고 있다. 산길이 밀려 정체되었다. 그렇다고 병들어 있는 길옆에 또 길을 자꾸 만들면 어쩌란 말이냐? 네 몸이 막 짓밟혀도 된단 말이지…. 네 몸이 부서지면 내 몸은 으깨어 짓이겨진다. 가슴이 철렁한다.

괜히 왔다는 생각이 머릿속을 맴돈다. 그렇다고 뿌리치고 돌아설 수도 없다. 함께한 친구들이 소리쳤다.

"정상에 가면 꽃이 있어. 힘들게 왔는데 꽃은 보고 가야지."

"억새꽃도 꽃이냐? 좋아 봤자 억새꽃이지."

사람들이 산을 망치는 데에 나는 분노가 일었다. 돌아가고 싶었다. 괜한 억새꽃에 분풀이를 했다. 정말이지 이토록 많은 사람과 함께

산을 오르긴 처음이었다. 산을 보러 왔는지 꽃을 보러 왔는지 사람을 보러 왔는지 분간이 서지 않았다.
 땀 흘리며 사람에 떠밀려 산 정상이 가까워졌다. 앞서가던 초등학교 2~3학년쯤 되는 아이가 양 무릎에 손을 짚고 기어오르며 혼잣말을 했다.
 "내 평생에 이렇게 사람 많은 산은 처음이네."
 뒤따르다 나도 맞장구를 쳐주었다.
 "그렇구나. 그런데 너는 지금 몇 살인고…?"
 앞서가던 아이와 아이 엄마가 동시에 뒤돌아보며 웃었다. 그 웃음이 노란 산국화 같았다. 아이 웃음이 가을빛만큼이나 따뜻했다. 답답했던 가슴이 쫘악 펴졌다. 아이의 웃음이 내 가슴에 들어와 앉았다. 금세 마음이 편해졌다. 정상에서 핀 아이의 웃음꽃은 어느 꽃보다 맑고 예뻤다. 그래서 사람들은 노래를 하나 보다. '사람이 꽃보다 아름답다'고.
 억새꽃이 만개했다. 하얀 강아지들이 떼를 지어 반겨주는 듯 꼬리를 쳤다. 바람은 사각사각, 때로는 싸악, 빈 소년합창단이 내는 높은 음의 화음 소리로 들렸다. 그러다가 베이스로 돌아와 산이라는 고요함을 알려 주기도 했다. 명성산의 가을 합창이었다.
 억새 군락은 크게 세 곳으로 나뉘어 있다. 맨 위쪽은 황갈색으로 키가 작았다. 등성이 아래쪽으로 내려오면 꽃이 흰 키다리들이다. 마치 수수밭에 와 있는 기분이었다. 꽃봉오리도 수수처럼 컸다. 하긴 쓰레기 매립지였던 하늘공원에 자란 억새들도 수수밭의 수숫대를 낟가리 해 놓은 것 같았다. 억새들을 제대로 감상할 수가 없었다. 키가 너무 컸다.

이들에 비하면 내 고향 억새들은 어른들의 허리춤에 불과했다. 아마도 그곳의 억새들은 바람을 견디어 낸 내성 때문으로 생각된다. 남해와 서해의 갈림길이라 태풍이 잦았다.

조금 높은 등성이에 올라섰다. 억새들은 바람 따라 파도처럼 출렁였다. 장관이었다. 꽃을 만졌다. 씨앗을 감싸고 있는 털이 빨리 날아가고 싶어 했다. 촉감이 까끌까끌했다. 겉모습에 속았다는 느낌이 들었다. 다른 산들을 바라보았다. 꽃이 없었다. 대신 하늘엔 억새꽃 같은 흰 구름이 띄엄띄엄 떠 있었다.

이마의 땀을 닦았다. 바람이 내게 말하는 것 같았다. 이제 그만 내려가라고. 억새꽃에 다시 산을 돌려주고 싶었다. 친구들에게 소리쳤다.

"가자! 집에 가자."

언제 다시 올까. 그땐 서로 어떤 모습으로 변해 있을까. 아마 내 머리도 하얀 억새꽃이 피겠지. 산은 나를 알아나 볼까. 기약 없는 발걸음을 내려놓았다. 뒤돌아보는 길은 늘 아쉬웠다.

"명성산! 안녕."

못다 핀 꽃

궂은 날씨 지나고 모처럼 맑고 따사롭다. 평소 우리 가족은 한식寒食 날 성묘를 했다. 이번에는 직장과 학교에 다니는 가족을 생각해서 그들이 쉬는 날로 정했다. 그럼에도 절반만 성묘에 참여했다.

경기도 안성 일죽면 우성 공원묘지에 아버지를 모신 지 어언 37년이다. 어머니는 22년이 되었고, 다음 세대로 첫째인 큰형님은 8년이 되어 세 분이 함께 계신다. 가족은 매년 추석과 한식 때 이곳을 찾는다. 이승에 있는 후손들의 안부를 전해드리고, 세 분의 영혼이 편안하길 기원한다. 이날을 기해 가족 모두 얼굴을 볼 수 있으니 감사할 뿐이다.

그동안 이곳을 많이 다녔다. 한데 오늘은 유별나게 날씨가 화창하다. 햇볕은 병아리가 낮잠 자기에 딱 알맞을 만큼이고 바람도 고요하다. 이곳은 산세가 온화하여 자연을 그대로 살려 도랑 따라 골짜기 따라 길을 냈다. 시골 동네 느티나무 아래 정자를 세우듯이 큰 소나무들을 고스란히 보호한 채 묘지를 조성했다. 자연스러운 멋이 있다.

웬일인지 오늘은 묘지 골목에 사람이 별로 없다. 이곳에서의 발걸음은 늘 조심스럽다. 이곳에 묻힌 영혼이 9천 명이나 되고 화장되어 봉안당에 안치된 유골이 3만여 구라니 천국으로 간 영혼들이 저승에서 큰 도시를 이루고 있는 셈이다.

가족묘지가 있는 골목 끝까지 아스콘이 깔려 있다. 그곳은 10여 대의 차를 주차한다. 그 주차장 옆에 작은 도랑이 있고, 도랑을 건너면 조그만 묘가 있다. 비석을 세우고 묘 둘레석까지 대리석으로 치장했다. 볼 때마다 정성을 다한 게 느껴져 묘 주인은 어떤 사람일까 매우 궁금했다. 돌아가는 길, 이번에는 맘먹고 묘비를 살폈다. 때마침 지나가던 묘지 관리인이 거들었다.

"그 묘는 아기 묘예요. 아기 묘."

전혀 예상하지 못했다. '아기 묘라니…' 1993년 4월 20일생. 손가락셈을 해보니 살아 있다면 올해 스물여섯이다. 묘비 뒤편을 살폈다. 이승을 떠난 날이 1996. 2. 20일. 겨우 두 돌 십 개월을 살았다. 새싹처럼 짧은 생. 엄마 자장가를 듣고, 아장아장 걷고, 온 가족에게 웃음꽃을 피우게 할 때가 아닌가. 그 부모는 얼마나 비통했을까.

'성도 강○○의 집'이란 이름으로 보아 사내아이인 모양이다. 정성을 다한 묘는 아기로 여기지 않고 어른 대접하듯 격식을 갖췄다. 부모의 아픔이 느껴온다. 젊은 부부였을 텐데 얼마나 애절했으면 이토록 정성을 다했을까. 그 부모는 이 아이를 잃고 새로운 생명을 얻었을까. 설령 그렇다 해도 지금도 이 녀석을 가슴에 꼬옥 품고 있으리라. 아이 부모가 나처럼 30세에 아이를 낳았다면 지금은 50대 중반을 넘겼을 것이다. 중년의 한복판에 들어선 나이가 아닌가. 그 긴 세월, 그 아픔은 어찌 견뎌냈을까. 그 부모의 행복을 마음으로 빌어본다.

내게도 참담한 아픔이 있다. 나의 큰녀석. 그놈이 지금 책상 앞에서 옆에서 아비를 바라보고 내려다보고 있다. 입술은 미소 짓고 안경 너머 바라보는 눈빛은 힘이 넘친다.

녀석에게는 어린 아들 둘이 있다. 그렇다 보니 살아야겠다는 의욕이 강했다. 난 그 발버둥이 더 안타까웠다. 시한부란 사실을 말해 줄 수 없었다. 녀석은 자신의 병세를 알고 싶어 의사와 면담하길 간절히 바랐다. 하지만 가족은 차일피일 미뤘고, 더 보채지 않았다. 어쩌면 자신의 병세를 예상했으리라.

열이 나고, 고통스러워할 때 어떻게 아프냐고 물었다.

"온 머리가 욱신욱신 쑤셔."

난 아들이 정신이 맑을 때 자신의 생을 정리하도록 도와주고 싶었다. 하지만 제 어미와 녀석의 아내 그리고 동생까지 모두 반대했다. 알게 되면 얼마 남지 않은 생명의 끈마저 놓아버릴 거라고 했다. 무엇보다도 며느리는 희망이란 불이 꺼지지 않게 온 힘을 다해 간호하고 기도했다. 그 모습이 환자인 아들보다 더 애처로웠다. 마지막 잎새를 부여잡은 그 심정이 오죽했을까.

사람과 짐승의 차이는 시간을 다룰 줄 알고 모르고가 아닐까. 하루하루가 고통이었다. 아들은 인공호흡기에 의지해 겨우 숨을 헐떡이고 목소리를 듣고 누구인지 알아볼 정도였다. 나는 용기를 냈다. 담당 의사에게 연명을 위한 치료를 멈춰 달라고…. 그래도 아들의 어미는 반대했다. 아직 살아 있는데 어떻게 그럴 수 있느냐고. 의사는 가족이 다시 상의하라고 우리에게 처분을 맡겼다. 참으로 질긴 두 끈이었다. 정과 현실의 차이는 고통이었다. 아내는 아들의 숨소리라도 오래 느끼고 싶어 했고, 나는 어차피 살지 못할 것, 환자는 물론이고 가족 모두의 슬픔을 빨리 털고 싶었다. 정情보다는 현실을 받아들이고 싶었다.

이틀이 지나고 담당 의사가 왔다. 자신이 해줄 수 있는 일은 아무것도 없다고. 기도나 하고 가겠다고. 그마저 고마웠다. 목사보다 더 위안이 되는 기도였다. 밤이 왔다. 사그라져 가는 젊은 삶. 어미는 아들의 손목 맥박을 계속 짚고 있었다. 밖에는 종일 비가 쏟아지고 시간은 10시가 넘어섰다. 정적이 감도는 병실에 아내 목소리가 다급했다.

"간호사 불러! 맥박이 뚝 떨어져."

간호사가 급히 와 환자를 살폈다. 처치실로 옮겨야겠다며 다급하게 산소호흡기까지 뺐다. 나는 처치실이 어떤 곳인지 몰랐다. 나중에 보니 임종 대기실이었다. 심장의 움직임을 확인하며 지켜보는 곳이었다. 산소는 다시 들어가지만 숨소리는 낮아지고 심장박동 그래프가 계속 내려갔다.

가족은 울음을 삼켰다. 진즉 마음의 준비를 했기 때문이다. 그러나 며느리는 울부짖었다.

"걱정하지 마! 내가 아이들 잘 키울게. 편히 가…."

초등학교 2학년과 유치원 다니는 두 아들을 남겨놓았다. 조용한 병실에 혼자 슬픔을 가누지 못해 비상구 계단으로 뛰어갔다.

새벽 1시가 지나고 10분을 가리켰다. 기계 게이지 숫자가 0으로 내려앉고 숨쉬기를 멈췄다. 결국 큰아들은 가족의 곁을 떠났다. 산소 호흡기를 치웠다. 그러나 이마에서 잡히는 맥박은 따깍, 따깍 10여 분을 더 뛰었다. 창백한 얼굴을 만지며 나는 간절히 빌었다.

"영우야! 잘 가라. 제발, 천국에서는 더 아프지 마…."

녀석은 한쪽 눈을 감지 못했다. 무슨 원한이 있을까. 죽도록 회사 일에 열중하고 주어진 일에는 열정을 쏟았다. 르노 삼성자동차 SM6 실내 디자인과 설계를 완료했지만 얻은 것은 불치의 뇌종양. 1년 9개월 13일을 투병했다. 만 38년 9개월. 생이 너무 짧았다. 운명이 너무 가혹했다.

아들은 수원 연화장 추모의 집에 있다. 그곳은 의외로 젊은이들이 많다. 영혼으로 만나게 된 친구들. 외롭지 않을 것 같아 다행이다. 이승에서 못 이룬 꿈, 그곳에선 함께 이루기를 빌어본다. 이승에서 못다 핀 꽃, 그곳에선 흐드러지게 피우기를 기도한다.

떠도는 흔적

평소 집에서 입던 티셔츠를 아내가 빨아버렸다. 다른 셔츠를 입으려고 옷장 서랍을 뒤졌더니 서랍 두 칸이 텅 비어 있다. 아내는 초봄에 입지 않은 옷을 잔뜩 모아 어디론가 가져갔다.

빈 서랍 위 칸에는 낡은 보자기에 싸인 물건 하나가 있었다. 파란 명주 보자기는 소중한 물건을 싼 듯 십자 모양으로 예쁘게 묶여 있다. 귀중한 물건이라면 다른 곳에 보관해야 할 터인데, 빈방 빈 서랍에 홀로 있는 게 궁금했다. 풀어보니 옷이었다. 부피는 작은데 보자기는 컸다. 그러니 몇 겹을 둘둘 말아 묶었다. 아주 조그만 옷. 내 젊은 시절, 큰아들 배냇저고리 세 벌이다. 42년이나 간직한 소중한 옷. 세월의 흔적일까. 사과에 상처가 나면 멍들어 색이 변하듯 몇 군데 엷은 밤색으로 변한 자국이 있었다.

큰아들은 내일이면 마흔두 살이 된다. 저승으로 호적을 옮긴 지 두 해가 지나간다.

1978년 10월 23일. 자정이 지나며 아내는 배가 아프다고 했다. 아직 예정일은 한 달이 더 남았는데 며칠 전 산부인과에 갔을 때만 해도 아무 이상 없다고 했는데 진통이 시작된 것이다. 그렇지만 한밤중에 어떤 조치를 할 수도 없었다. 더구나 그 당시는 통행금지가 있었다. 밤새 끙끙 앓으며 날이 밝기를 기다렸다. 해산 준비는 아무것도 하지 않았다. 기저귀만 사다가 빨아 접어 놓았을 뿐인데 마음만 부산했다. 병원도 가게도 시간이 되어야 문을 열지 않나. 날이 밝기를 기다렸다.

  아침 햇살은 맑았다. 당시 우리는 대구 변두리 월배 장터가 있는 곳에 살았다. 공장이 많은 도시와 시골의 접경 지역이라 이른 아침부터 장터 좌판에는 사과가 널려 있었다. 아직 병원은 열지 않아 아기에게 필요한 물건부터 사기로 했다. 아내는 살금살금 고양이 걸음으로 배를 움켜잡고 아기 옷과 보자기를 샀다. 모유를 먹일 생각이었으나 만약을 위해 젖병과 분유도 샀다. 대충 물건을 장만하고 다니던 병원으로 갔다. 병원에서는 예정일보다 한 달이나 빠르니 시내 큰 병원으로 가라고 했다. 그 병원은 인큐베이터가 없다고, 인큐베이터를 사용하게 되면 병원비가 많이 들 거라는 귀띔도 해줬다. 큰돈이 갑자기 어디에서 나오나. 난 걱정이 앞섰다. 30분 거리의 동산기독병원으로 갔다. 산통을 시작한 지 13시간이 지나 낮 1시 병원에 도착했다.

  아내는 분만실로 들어가고 보호자인 나는 대기실에서 기다렸다.

서울 신림동에 계시는 어머니께 전화를 드렸다.

"어머니, 지금 아기 낳으려고 병원에 왔어요."

동대구역에서 내려 택시 타고 오시라고 일러주었다. 대기실을 빙빙 도는데 여태 느껴보지 못한 외로움이 밀려왔다. 혼자라는 사실이 뼈저리게 아렸다. 예전에 어머니가 하신 말이 생각났다.

"세상에 독불장군은 없다더라."

사람 속에 비벼 대며 살라고 누누이 이르셨다. 내가 아무도 없는 대구로 가겠다고 했을 때 말리면서 하신 말이었다. 그래도 결혼하기 전에는 외롭고 쓸쓸하다는 감정을 가질 시간이 없었다. 늘 바쁘고 매사 자신감이 넘쳤으니 외로울 틈도 없었다.

어머니는 서둘러 오셨다. 그 짧은 시간에 산후 조리할 물건들을 다 챙기셔서 6시에 병원에 도착했다. 참 빨리도 오셨다. 아들에 대한, 손주에 대한 사랑이리라. 아내가 분만실에 들어간 지 여섯 시간이 되었다. 다행히 어머니는 병실 안에 들어갈 수 있었다. 며느리를 보고 나온 어머니가 아내 상태를 이야기했다.

"내가 늦지 않아 다행이구나. 곧 아기가 나올 것 같다."

산통을 시작한 지 19시간. 그동안 아기는 할머니의 축복을 받고 태어나려고 참고 기다린 듯했다. 그 마음이 느껴져 새삼 고마웠다.

아비가 된다는 기쁨은 컸다. 그렇지만 한 달을 앞서 태어난 아기가 체중 미달일까 봐 그게 더 걱정이었다. 창밖을 바라보고 있는데 간호사가 할머니는 들어오라고 불렀다. 드디어 아기가 나오나 보다 생각했다. 건강하기를 간절히 빌었다.

30여 분 지나고 어머니가 분만실에서 나오셨다. 걱정하지 말라고, 아주 건강하게 태어났다며 웃으셨다. 뒤따라 나온 간호사가 2.85kg이라고 일러주며 축하한다는 말까지 얹어주었다. 다행히 인큐베이터는 면했다. 19시 30분, 녀석이 처음 세상을 만난 시간이다. 한 달을 앞서 나왔어도 씩씩하게 잘 견디어 주었다. 마치 아비 주머니 사정을 헤아리는 것처럼.

42년이란 긴 세월이 옷장 서랍 속에 잠겨 있다. 그뿐 아니다. 군대 장교 정복과 구두, 양복 몇 벌, 졸업장과 앨범, 상장에 일기장까지…. 집 안 도처에 아들의 흔적이 남아 있다.

"나중에 가져갈게요."

아들은 약속을 지키지 못하고 떠났다. 마음에 품고 있는 유품들, 막상 버리자니 그 놈이 살아 있는 듯 눈에 선하다. 조금 더 품고 있다 손자들이 크면 돌려줄까 생각 중이다. 아들아, 너의 흔적은 온통 여기 있는데 너는 지금 어디 있느냐.

운명인가 숙명인가

병원에 입원한 큰아들이 2017년 3월 20일 퇴원했다. 1년 6개월 만에 병상을 떠나는데도 설레거나 기쁘지가 않았다. 먹구름이 비바람을 몰고 오듯 찡그리던 아들의 얼굴이 끝내 눈물로 얼룩졌다. 그 모습에 마음이 아렸다. 다 낫지도 않았는데 왜 퇴원하느냐고 항변하는 눈빛을 차마 바로 볼 수가 없었다. 어떻게 설명을 해야 하나.

50대 초반쯤의 뇌종양 전문의, 수술을 담당했던 그가 살짝 귀띔했다. 가족이 차마 말을 할 수 없다면 환자에게 자신이 설명해 주겠다고. 그도 아들에게는 각별히 마음이 쓰인다고 했다. 인생에서 가장 꽃다운 시기에, 또 사회에서 꼭 필요로 하는 인재였기에 가족만큼 안타까워했다.

아들은 승용차를 설계하는 연구원이었다. 무슨 일이든 10년을 하면 프로가 된다고 하는데, 그 일을 꼭 10년 했다. 그가 끝내 마지막 작업은 새로 출시되는 승용차 SM6 실내 디자인과 설계였다. 병원

침대에 누워 있으면서도 차 이야기만 하면 눈시울을 붉혔다. 그 심정은 어땠을까. 그가 뇌종양과 사투를 벌이는 사이에 차는 실물 없이 예약으로 판매되고 있었다. 하필이면 퇴원하는 길에 그 차를 만났다. 운전석 뒤에 앉은 며느리가 먼저 발견하고 내게 알려 주었다. 본능적으로 반가웠을 것이다.

"아버님, 바로 옆에 SM6 있어요."

마침, 사거리 정지 신호에 걸려서 차창으로 넘겨보았다. 내 아들의 노고가 녹아 있어서인지 더 멋져 보였다. 무엇보다도 색을 예쁘게 치장했다. 쪽빛 바다 에메랄드그린에 절로 감탄이 나왔다. 밑에서 위쪽으로 비스듬히 쓴 큰 글자 SM6 글자 역시 엷은 바다색이었다. 마치 도시라는 바다를 항해 중인 것처럼 보였다. 광고하기 위해 시운전을 하는 중이었다. 운전자는 옆에 앉은 사람에게 뭔가를 열심히 설명하고 있었다.

그렇게 반가운 차를 옆에 두고도 녀석은 그 차를 보려 하지 않았다. 아니, 볼 수가 없었다. 전신이 마비되어 제 육신을 스스로는 도저히 움직일 수가 없으니. 조수석 의자를 침대처럼 눕히고 누워서 가는 중이었다. 더구나 신호 대기 중에 어떻게 해줄 수도 없었다. 아픈 마음 찔레꽃에 찔리게 하고 싶지 않았다. 그런 심정을 읽었는지 아들은 아예 눈을 감아 버렸다. 그 차와 우리의 거리가 점점 멀어져 갔다.

저마다의 인생살이가 각각 다르다. 나는 '운명運命'이란 말을 곱씹어 본다. 운명은 각자에게 곧 주어진 몫이 아닌가. 태어나면서 너는 '이렇게 살아라' 하는 몫. 하지만 사람들은 그 운명을 바꾸려 노력하고 실제로 운명이 방향을 바꾸기도 한다. 그렇다면 '숙명宿命'은 어떤가. 사전적 의미는 '날 때부터 정해진 운명'으로, 피할 수 없는 길이다. 즉 운명은 거부할 수 있지만 숙명은 받아들여야만 한다. 일찍이 녀석에게 주어진 몫은 숙명이 아니었나 싶다.

생각해 보니 한 번은 바꿀 기회가 있었다. 회사생활 7년째일 때 "너무 힘들어서 3개월을 휴직했다"는 말을 하면서 눈시울을 붉힌 적이 있다. 그 모습을 보고 나 역시 울컥했다. 얼마나 힘들었으면 휴직까지 했을까? 그러면서도 아내와 나는 그 흔한 건강검진을 받으라고 권하지 않았다. 격무에 시달려서이니 3개월 정도 쉬면 나아지리라고 참 안일하게 생각했다. 결국 그런 방임이 아들을 숙명으로 내몰리게 한 것 같아 뼈저리게 후회된다.

둘째손자 가온이가 태어났을 때 며느리는 산후조리원에 들어갔다. 어쩔 수 없어 큰손자 가람이를 내가 데리고 있게 되었다. 그러던 어느 날, 나는 소파에 앉아 독서하고 가람이는 장난감을 가지고 놀았다. 불평 없이 잘 놀던 녀석이 내게 다가와 아빠가 보고 싶다고 하지 않는가. 아들을 만나기 위해서는 토요일까지 기다려야 하는데…. 두 밤만 자고 가자고 달래는데도 계속 보채 아들에게 문자를 보냈다.

"가람이가 아빠를 보고 싶어 하는구나. 시간 나면 전화 좀 주렴."

30여 분 뒤 전화가 왔다. 전화 받는 가람이 목소리가 군대 신병이

신고하는 목소리처럼 쩌렁쩌렁했다. 만 2년 6개월 된 어린아이가 아빠 보고 싶은 마음을 다 드러냈다. 퇴근한 아내에게 그 말을 했더니 아내는 놀란 모습으로 혼자 중얼거렸다.

"만약에 제 아빠가 죽고 없다면 얼마나 보고 싶어 할까?"

나중에 돌이켜보니 마치 숙명처럼, 자신이 믿는 하나님 계시를 받은 것 같았다. 그때의 '만약에'라는 가정은 생각보다 빨리 다가왔다. 아들이 또 입원하기 일주일 전, 내 생일에 아들 두 가족이 함께 집으로 와 식사를 했다. 식사가 끝나고 자리를 치우던 녀석은 허리를 구부리고 넋 나간 사람처럼 벽을 응시하고 있지 않은가. 영 불안한 자세로. 평소 그의 모습이 아니었다. 나도 모르게 속으로 중얼거렸다.

'아니, 저놈이 왜 저래. 저러다 죽으면 어쩌지?'

왜 그런 생뚱맞은 생각이 들었는지. 순간 떠오른 이승을 떠나는 단어. 신神은 그의 짧은 생을 알고 있었기에 어미와 아비에게 미리 암시해 준 것은 아니었을까. 병원을 나서며 보인 눈물은 그도 그것을 예감했다는 뜻일까. 당시 아들은 누구에게도 설명을 듣지 못했다. 병을 이길 수 없다는 사실을….

내 책상 앞에는 큰아들이 제 동생과 함께 활짝 웃고 있는 어린 시절 사진이 놓여 있다. 그때는 모두가 건강해 행복했고 꿈도 많았다. 사진 속 모습처럼 녀석의 아들이 또 그만큼 컸다. 놈도 그때의 나처럼 행복한 때를 즐기고 있었는데. 모든 것은 찰나에 무너졌다. 미래의 꿈을 다지고 다져 꽃망울을 만들었고, 이제 목련꽃처럼 활짝 피었건만 어느 날 속절없이 꽃이 땅으로 떨어졌다.

그동안 나는 모든 신에게 간절히 기도했다. 살 만큼 산 나를 데려가라고. 할 일 많은 젊은 사람을 놓아 달라고. 제발 아들과 나의 생을 바꿔 달라고. 아내도 아들이 아프기 시작한 뒤 하루도 빠짐없이 새벽 기도를 다녔다. 그러나 2017년 7월 3일 새벽 1시, 신은 끝내 우리의 기도를 들어주지 않았다.

하찮은 인간이 신의 섭리를 어찌 헤아리랴. 보내주신 데에도 섭리가 있고, 거둔 데에도 섭리가 있을지니. 다만 한 가지, 서둘러 거두셨다면 곁에 두고 어여삐 여겨달라고 간절히 빌 수밖에.

개들이 우는 사연

울음소리가 들린다. 위층인지 아래층인지 분간하기가 어렵다. 이 시간에 이렇게 울고 있을 아이는 없을 것 같은데 누구일까.

위층에는 아이가 살지 않는다. 가끔 떠드는 소리가 들리지만 그들은 할머니 할아버지를 찾아오는 손자들인 듯하다.

10층 아파트인데 나는 6층에 산다. 초등학교 다니는 자녀를 둔 가족은 두세 가구밖에 없다. 주로 어른들만 모여 살기에 엘리베이터는 졸기 일쑤고, 통로는 적막감으로 사람이 그리울 지경이다. 그러니 울음소리가 더욱 궁금할 수밖에.

그 울음소리는 자주 들리지는 않는다. 보통 출근 시간 지나고 한 시간쯤 뒤에, 또 오후 여섯 시께 울어댄다. 울음소리로 짐작컨대 초등학교 1~2학년쯤인 듯했다.

아래층은 입주하면서부터 작은 개를 데리고 왔다. 종류는 모르지만 산책길에서 두어 번 만난 일이 있다. 털이 하얀색으로 매우 사나웠다. 낯선 사람에겐 무조건 짖어대며 덤볐다. 계단에서 아이들 말소리만 들려도, 평소 들리지 않던 색다른 소리에도 짖어대곤 했다. 가끔 관리사무소에서 공지사항으로 "이웃에게 소음 피해가 있으니 반려견 관리를 잘 해달라"는 방송을 여러 차례 해도 그 집 개 짖는 소리는 그치지 않았다. 그렇지만 같은 계단을 사용하는 어떤 집에서도 불평하지는 않는 것 같았다. 모두가 부처같이 도량이 넓은 사람들만 사는 아파트여서일까.

  우리 아파트는 세대마다 텃밭을 가지고 있다. 김장 채소가 무럭무럭 자라고 있는 어느 날이었다. 채소밭에 물을 주기 위해 나갔다. 해질 녘이라 텃밭은 아파트 그림자가 내려앉기 시작했고, 때마침 3층과 5층에 사는 아주머니를 만났다. 5층 아주머니가 개를 안고 있었다. 3층 아주머니가 인사를 하면서 개 이야기를 꺼냈다. 우리는 같은 라인 3층, 5층, 6층에 사는 이웃이다. 텃밭도 나란히 사이좋게 붙어 있다.

  "요 녀석이 요즘 자꾸 울어."

  5층 아주머니는 생뚱맞다는 표정을 지으며 눈을 크게 떴다.

  "네…?"

  그리고 의아하다는 듯 언제 어떻게 우느냐고 물었다.

  "사람하고 똑같이 울지…."

  나만 그렇게 들린 게 아니었다. 순간, 울음의 의문이 풀렸다. 아침 출근 뒤에 또 퇴근 시간이 되었는데 사람이 오지 않을 때 개가 외로워서 울음을 터트린 것이다. 얼마 전에는 5층 아주머니 남편을 같은 곳에서 만난 일이 있었다. 그는 고향에 늙으신 부모님이 계셔서 시골을 자주 간다고 했다. 어쩌다 밤새 울부짖다 지치면 응얼거리기까지 하는데, 그날은 녀석을 남겨두고 고향에 간 게 분명해 보였다. 꼭 어린아이 같은 울음은 화장실 물 내려가는 파이프를 통해 더 선명하게 들렸다.

나와 3층 아주머니는 개가 혼자 있을 때 울고 짖는다는 말을 해주었다. 그 후 한 달쯤 지나서였던가. 그 녀석 울음소리는 더 들리지 않았다. 혹시 없애버리지는 않았을까 궁금하기까지 했다. 한참을 지나 5층 아주머니를 텃밭에서 다시 만났다. 개는 짖지 않았다. 성대 수술을 했단다. 영원히 울지 못하게…. 감옥살이도 지겨울 텐데 성질대로 짖지도 못하면 그 스트레스는 어떻게 풀라고…. 화병은 나지 않을까? 미쳐버리지는 않을까? 괜한 걱정을 얻었다. 그런 후 한동안 개 울음소리는 들리지 않았다.

그런데 조용해진 통로에 또다시 개 짖는 소리가 들렸다. 전에 짖어대던 앙칼진 소리가 아니고 성대가 크게 울린 소리였다. 아침 학교 가는 시간이면 "컹컹" 계단 전체가 울렸다. 빨리 갔다 오라고 아니, 나만 혼자 두고 가느냐고 항의하는 것 같았다. 왜 삭막한 콘크리트 상자 안에 나를 가두느냐고 울부짖는 듯했다. 그리 생각하니 더 "컹컹" 짖어도 누가 뭐라 하겠나 하는 생각이 들었다.

어느 날 아파트 텃밭 입구에서 개 목줄 잡은 초등학교 5학년 여자아이가 개에게 질질 끌려가는 것이 보였다. 큰 진돗개보다는 몸집이 작았지만 힘이 대단했다. 털이 수북한 개였다. 흰 바탕에 가슴과 등, 꼬리는 갈색이고 엉덩짝은 북실북실했다. "컹컹" 짖고 울기도 하는 바로 그놈이었다. 어떻게 이렇게 큰 개를 아파트 안에서 기르고 있다는 말인가. 믿기지 않았다. 최근에 짖고 울어대서 알게 되었지만…. 이놈도 우는 습성은 강아지나 마찬가지였다. 단지 소리가 클 뿐이었다.

　개도 개다운 삶을 살고 싶을 게다. 감옥처럼 좁은 공간에서 장난감처럼 움직이는 역할만 하고 지내는 것을 원치 않을 것이다. 너희 고통은 알 바가 아니라는 듯 자유를 앗아간 인간들에게 개들은 목울음이라도 토해내며 하소연하고 싶을 수도 있다. 사람처럼 죄도 짓지 않는데 왜 가두고 소리까지 함부로 앗아가느냐고. 인간은 반려동물 심정을 얼마나 이해하고 집에 들일까. 개들이 짖어대는 것은 홀로 있는 시간이 서러워서인지도 모른다. 생명 있는 것은 감각이 있고 욕망 갖는 것도 마찬가지다. 뛰고 싶은데 뛰지 못하고 짖고 싶은데 소리를 낼 수 없고 사랑하고 싶은데 콘크리트에 갇혀 있으니 그 답답함이 오죽할까. 어쩌다 바깥바람 쐬는 산책 길에서는 목을 꽉 조여매니 개들도 스트레스가 이만저만이 아니리라. 그러니 혼자 있을 때 자신의 처지가 가련해 그리 슬피 우는지도 모르겠다. 어쩌면 그들은 주인 앞에서는 울면 안 된다는 세상의 이치를 알고 있는지도 모른다. 울면 재수 없다고 버려지는 속세의 각박한 풍속을….

　일요일이면 SBS에서 방송하는 '동물농장' 프로를 즐겨 본다. 재미

있고 신기하다. 그중에서도 개들의 많은 행태를 보고 이해하고 배운다. '개만도 못한 인간'이란 말이 있다. 정말 개만도 못한 인간이 있지만 반대로 사람보다 나은 개도 얼마든지 있다. 개도 감정이 있다. 사람처럼 울고 웃는다. 그들은 짖는 소리로 감정을 다 표현한다. 인간의 영민한 동반자들이다.

예쁘다고 쓰다듬어 주다가도 주인 심성이 비틀리면 학대받는 반려견. 그들은 인간의 얄팍한 이중성을 가까이에서 지켜본다. 그러니 때로는 웃고 때로는 운다. 외롭고 서러워 슬프게 짖는다. 홀로 두지 마라고. 제발 인간 감정의 노예로 만들지 마라고. 인간도 인간에게 버림받아 보지 않았느냐고 따지듯 울부짖는다.

어머니의 빨강 머리

골목 저만치 머리칼이 빨간 할머니가 걸어온다. 어머니였다.
"어디 갔다 오세요?"
어머니는 나만 보면 활짝 웃으셨다. 멀리서는 어머니로 보이지 않았다. 그런데 젊어 보인 빨간 머리가 내 어머니라니!
큰형이 어머니를 모시고 계셨다. 그렇다 보니 나도 수시로 이 골목을 지나다닌다. 생필품은 물론이고 생활에 필요한 모든 가게가 옹기종기 늘어서 있는 곳이다. 무엇보다도 이곳은 유명한 신림동 순대가 탄생한 곳이기도 하다. 서민들의 정과 애환이 깃든 가게들이다.
어머니는 나를 반기면서도 간혹 어려워하셨다. 딱히 흠 잡힐 일은 없으셨으나 사소한 것에도 내가 그냥 넘어가지 않고 어머니를 지적하곤 했기 때문이다. 어머니는 그런 나를 보고 호랑이 아들이라고 불렀다. 그런데 오늘 또 딱 걸리신 것이다.
"어머니, 갑자기 신세대가 되셨네요!"

"아야, 미장원 애들이 특별히 서비스해 준다고 이렇게 해놓았다. 그것도 공짜로."

"그래도 그렇지요, 노인네 머리 모양이 그게 뭐요?"

어머니는 백발이시다. 검은색 머리칼 하나 찾을 수 없는 백발에 파마를 하고 다니셨다. 그런데 지금 앞에 계신 어머니는 만화에서 본 '빨강 머리 앤'이다.

듣기 싫은 말을 막으려고 어머니가 함빡 웃으시며 선수를 친다. "다른 사람들은 다 좋아 보인다고 하는데 또 너만 야단이야." 벌써 일주일이 되었다며 어머니는 만족해 하셨다. '허허~ 참! 이걸 또 어떡해?' 일흔다섯의 나이와는 확실히 어울리는 모습이 아니다. 한데 본인이 저래 좋아하시는데 어찌할까. 기분 망치는 소리를 하면 서운해하실 게 분명하니 내가 꼬리를 내려야 했다. 하지만 그놈의 호랑이 본능이 어디 가겠나.

"미장원 아이들이 할머니를 가지고 놀았구먼."

"야! 그런 소리 하지 마라. 그 애들이 손주들처럼 얼마나 싹싹하게 잘해 주는 줄 아냐? 순대도 가끔 사다주고 그런다."

귓등으로 대충 흘려듣고 나는 당장 원래대로 하시라고 했다. 굳이 꾸미지 않아도 내 어머니는 하얀 파마머리가 훨씬 어울린다. 한복을 즐겨 입으시는데 빨강 머리는 확연히 낯설었다.

바쁘게 지내느라 한동안 어머니를 찾아뵙지 못했다. 나는 정장 숙녀복 파는 가게를 하고 있었다. 가로수의 새순이 진녹색으로 변해가는 어느 날 정오였다. 아들이 보고 싶었던지 연락도 없이 어머니가 가게로 찾아오셨다. 내가 외출하고 없는 사이였다. 하얀 파마머리에, 미색 한복을 곱게 차려입은 할머니가 가게 문을 밀고 안으로 들어섰다. 여점원들이 질겁하고 막아섰다.

"할머니, 여긴 할머니 옷이 없어요."

"아니야, 여기가 분명히 맞아. 아들 보러 왔어."

어머니는 몇 년 만에 나의 일터에 오셨다. 그사이 가게를 아주 고풍스럽게 꾸몄다. 그러니 긴가민가 헷갈리셨을 게다. 가게에서 일하는 직원들에게는 내 가족에 대한 이야기를 전혀 하지 않았다. 그렇다 보니 지나가던 노인이 구경하러 매장에 들어온 것으로 여겼을 터다. 그래도 사장의 어머니라시니 의자를 내드렸다. 바깥일을 보고 돌아와 가게 앞에 차를 세웠다. 한 점원이 나와 물었다.

"어떤 할머니가 오셨는데, 아들 보러 왔대요. 어머님이 맞아요?"

"…."

가게 안으로 들어섰다. 어머니였다.

"어머니! 왜 전화도 없이 왔어요?"

옆에 붙어 있던 여점원이 끼어들었다.

"사장님, 어머님이 참 예쁘시네요. 미색 한복에 하얀 머리가 딱 어울려요."

어머니는 무척 나를 반기셨다. 나도 반가웠다. 하지만 나는 간단한 안부만 묻고 전화도 없이 버스 타고 오신 것을 재차 탓했다. 예전에 버스 타고 작은형 집에 가다 큰 사고를 당한 일이 있은 후 나는 버스에 특히 민감했다.

참 난처했다. 곧 점심시간을 이용해 직장인들이 몰려올 시간이었다. 내가 거들어도 점원 세 사람이 허둥댈 터였다. 어쩔 수 없었다. 어머니를 빨리 집으로 모실 수밖에 없었다. 차를 급하게 몰았다.

그날 이후 참 많은 시간이 흘렀다. 하지만 어머니가 생각날 때마다 그날이 내내 후회된다. 인간은 왜 되돌아보고서야 깨닫는 것일까.

빨강 머리 어머니는 보신탕을 즐겨 드셨다. 가게 뒷골목에 소문난 보신탕집이 있었지만 그 음식을 한 번도 사드리지 못했다. 그땐 왜 그런 생각을 하지 못했을까. 용돈을 드리는 것만으로 효도를 다하고 있다고 생각했을까. 죄스러운 마음이 나를 괴롭힌다. 지금도 보신탕집 앞을 지나거나 빨강 머리를 한 젊은이들을 보면 어머니 생각으로 마음이 아리다.

빨간색으로 염색했던 때가 25년 전쯤으로 기억된다. 당시 노인에게 빨강 머리는 정말이지 파격이었다. 쳇바퀴처럼 맴도는 일상에서 벗어나고 싶으셨을까. 그때 어머니의 상기된 표정을 아직도 잊지 못한다.

어머니의 유일한 기쁨은 이 아들 저 아들 얼굴 보러 다니시는 일이었다. 그리고 평소에도 "뉘 아버지 가시고, 호강은 나 혼자 다 받고 있다."고 하셨다. 자식들이 고맙고 자식들에게 미안하다는 뜻이었을 게다. 그 말이 가끔 내 가슴을 후빈다. 어머니가 별나라로 가신 지

20년이다. 가끔은 밤하늘을 올려다보며 어머니를 그린다. 반짝이지만 닿을 수 없는 내 어머니의 별을….

내 인생의 3분대

계급은 병장이지만 초임자이기에 나는 분대에서 졸병이었다.

점심시간이 되어 LMG* 탄통을 양손에 하나씩 들고 식당으로 가는 중이었다. 막사에서 후임병의 넘버원(?) 임무는 식당에서 밥을 타오는 일이다. 그 탄통은 튼튼하고 크다. 아홉 명의 식사를 담아오는데 꼭 알맞은 밥통이자 국통이었다. 그건 탄통의 재활용이다.

식당은 멀지 않았다. 기지 전체에서 내가 소속된 3분대가 가장 가까이 있었다. 식사 시간에 식당을 사용하지 않는 이유는 여러 가지가 있다. 무엇보다 많은 인원이 한곳에 모이면 적의 공격 목표물이 되기 때문이다. 그 표적이 되지 않기 위해 막사 단위로 식사를 한다.

일요일이었다. 중대장은 대원들이 쉬는 시간을 점검하기 위해 우리 막사를 방문하는 참이었다. 그 시간, 나는 밥통과 국통을 들고 가는 중이었고, 상병 김영욱이와 김진수는 분대 간이식탁에서 식사 준비를 하기 위해 나와 있었다. 나는 양손에 물건이 들려 있으니 엉겁

결에 섰고, 영욱이와 진수는 러닝만 입은 채로 큰 소리로 거수경례를 했다. 중대장은 경례도 받지 않고 냅다 소리쳤다.

"김영욱, 너 상병이잖아?"

"네, 맞습니다."

"야 자식! 군대는 계급이다. 병장이 밥통 들고 다녀도 되는 거야? 당장 바꿔!"

영욱이는 뒤돌아보며 진수를 가리켰다.

"중대장님, 제가 김진수보다 선임입니다."

"그래도 네가 먼저 보였으니까 가. 병장 너는 당장 밥통 그 자리에 놔!"

"알겠습니다. 충성!"

'에잇! ×새끼들 잘 걸렸다. 뭐, 월남고참? 전입고참? 좋아들하네! 군대는 무조건 계급이 우선이라는 것도 모르느냐. 이 졸개 새끼들아!'

난 쾌재를 불렀다. 병장 체면이 말이 아니었는데…. 구세주가 나타났다. 이상하게 월남에서는 먼저 전입해온 병사가 선임으로 인정받고 있었다. 영욱이와 진수 같은 경우는 나보다도 군대 생활이 8개월이나 늦다. 그런데도 먼저 왔다고, 정글 속을 먼저 기었다고 선임으로 인정받으려 했다. 이들은 귀국하게 되면 보리병장이라고 차별받게 된다. 빨리 진급했다는 군대의 은어다.

우리 분대는 아직도 한 사람이 부족해 여덟 명이다. 좋은 점의 첫째는 분대 단위 막사 생활이다. 훈련하지 않거나 작전을 나가지 않을 때는 가족 같은 분위기였다.

 언제나 웃는 영욱이는 기타를 잘 쳤다. 김상순, 그는 지방 방송국에 자주 출연한 가수라는데 내가 듣기로는 노래를 썩 잘하는 것 같지 않았다. 어떻게 가수가 됐느냐고, 진짜 가수 했느냐고 나는 가끔 약을 올렸다. 어쨌든 그는 소대원 중에 위문 편지를 가장 많이 받았다. 홍대식, 그에게는 '홍크루'라는 특별한 별명이 붙었다. 고릴라 같은 코에, 얼굴마저 고릴라를 닮아 붙여진 별명이다. 잘 웃고 시골 아저씨 같은 모습에 농담도 잘했다. 김진수, 그는 웨이터를 하다가 군에 왔단다. 편지를 많이 썼다. 어떤 아가씨를 꼬시려고 내게 대필도 부탁하곤 했다. 귀찮도록! 난 글씨를 잘쓴다는 이유로 소대원들의 연애편지 대필을 자주 했다. 최 병장, 그는 속초가 고향으로 제대하면 자기네 고향에 한번 오란다. 회를 먹고 싶은 대로 사 주겠다고 큰 소리 뻥뻥 쳤다. 최고선임 박 병장은 태권도 사범을 했단다. 4단이라며 소대원들의 체력단련을 책임졌다. 하지만 난 태권도 시간이 싫었다. 뙤약볕이 너무 강했기 때문이다. 태권도를 싫어하는 건 아니다. 나도 태권도 유단자였으니까. 박 병장은 참으로 의리 있는 사나이였다. 분대장 석 하사는 직업군인으로 6년째 군대 생활을 하고 있다고 했다. 어떤 잘못을 저질러 진급도 못 하고 월남전으로 쫓겨 왔단다. 누구도 '잘못'을 묻지 않았다. 누구나 잘못을 안고 산다는 것쯤은 아는 나이였으니까.

 1월 초순 어느 날이었다. 소대 사무 요원이 영욱이와 나를 불렀다.

"야, 너희 뭐 잘못한 일 있냐?"

아무리 생각해도 어떤 잘못을 저지른 일은 없었다.

"없는데요."

똑같이 대답했다. 무슨 일인가 궁금했다.

"대대장님 호출이다. 지금 당장 복장 단정히 하고 대대 사무실로 가봐. 그러고 보니 너희 둘은 서울 놈들이잖아. 무엇 때문인지는 모르겠다."

소대 사무 요원은 곧 귀국하게 될 소대 최고선임이었다.

내가 속해 있던 기지는 대대 본부와 포병 중대 그리고 우리 보병 11중대가 있다. 대대장은 새해가 되자 모든 병사 가정에 아들들이 군 생활을 잘하고 있다는 가정통신을 보냈던 모양이다. 우리 사병들은 그런 사실을 알 턱이 없다. 영욱이 어머님은 70세가 넘으셨는데 그 가정통신을 들고 육군본부 위병소를 찾아가셨단다. 내 아들이 어디에 있느냐고. 나의 큰형님은 나와 띠동갑으로 12살이 많으셨다. 부대장이 보낸 통신문을 받아보고 대대장에게 편지를 썼다. '말없이 월남을 간 모양인데 가족은 모르니 동생의 소속을 알려달라'고.

대대장은 우리에게 왜 가족에게 알리지 않았느냐고 이유를 물었다. 영욱이는 어머니가 걱정할까 봐 말할 수 없었다고 했다. 나는 거짓말을 했다. 집이 이사한다고 해서 주소를 몰라 알리지 못했다고. 우리는 대대장 앞에서 편지를 썼다. 대대장은 그 편지를 직접 봉투에 담아 담당 병사에게 당장 보내라고 지시를 내렸다. 우리 둘은 그

제야 가족에게 편지를 보냈다.

영욱이는 105mm 포처럼 굵고 묵직한 필체로 적었다.

"어머니, 아들 잘 있어요. 걱정하지 마세요. 몇 달만 있으면 갑니다. 건강하세요."

생긴 것하고 영 딴판이었다. 살짝곰보에 장난기 많은 얼굴인데 편지글은 간단하고 명료했다.

나는 큰누나에게 글을 썼다.

"월남은 달이 굉장히 밝고 유별나게 커. 또 별은 샘물처럼 맑아. 달은 누나를 똑 닮아서 밤마다 누나를 보고 있으니 염려하지 마."라고 길게 썼다. 누나는 내가 귀국하는 날에 부산 제3부두로 마중 나가겠다고 답장을 보내왔다. 그러나 달을 닮은 누나는 내가 귀국하고 몇 달 후, 별처럼 맑은 서른넷의 나이로 하늘나라로 갔다.

흘러간 세월은, 그 누구에게도 되돌아오지 않는다. 함께 웃고 울었던 월남의 전우들은 각자 어디선가 그들 나름의 삶을 살고 있을 게다. 하지만 '월남의 3분대'는 세월에도 나이를 먹지 않은 그 모습으로 내 가슴에 고스란히 살아 있다.

*LMG는 기관총으로 일반 소총보다 3배가량 큰 총알.

하늘나라 쪽배

그녀는 쪽배였다.

'저것이 쪽배구나!'라고 생각한 것은, 군대에서 월남 파병 1년 군무를 마치고 돌아오는 귀국선에서였다. 우리가 탄 수송선은 자그마치 만 팔천 톤인데, 당시에 보았던 그 작은 배는 종이배 같아 보였다. 부두에서 출항하고 얼마 되지 않았는데 파도가 드세졌다. 그 큰 배도 꽤나 높고 깊은 피칭을 하는데, 고기잡이 작은 배에는 여자 혼자 타고 있었다. 파도가 밀어붙이면 산 위로 올라서고, 파도가 밀려가면 계곡으로 곤두박질치기를 반복했다. 정말 아슬아슬하고 아찔했다. 혹시 파도가 덮쳐 버릴까 봐 조마조마했다. 쪽배는 그렇게 연약했다.

나의 큰누나가 그런 쪽배 인생을 살았다.

초등학교 3학년 추석을 앞둔 때였다. 우리 집 앞마당은 파도가 출렁이듯 생기가 돌았다. 아버지가 서울에서 오셨기 때문이다. 이웃

어른들까지 오셔서 떡을 하고 술상을 차려 잔치를 벌였다. 물론 아버지가 오셔서 그랬겠지만 무엇보다 이제껏 눈에 보이지 않던 낯선 아가씨 때문이었다.

그녀에 대해서는 평소 들어보지 못했다. 당연히 낯설 수밖에. 초등학교 3학년의 어린 나이였지만 아가씨의 둥근 얼굴이 아주 순진해 보였다. 게다가 살짝 웃는 모습은 예쁘기까지 했다. 그런 중에 아주머니들은 그녀를 감싸고 고생했다고 등을 토닥이기도 하고 손을 어루만져 주고 있었다. 난 힐끔힐끔 그녀를 쳐다보고 또 쳐다보았다. 그런 중에 그녀가 내게로 다가왔다.

"우리 경화 많이 컸네!"

내 손을 잡아 주던 하얀 손이 그리고 나를 안아 주는 가슴이 너무도 부드러웠다. 그 가슴은 어머니 품보다 더 포근했다.

6.25전쟁이 일어나기 전부터 우리 가정은 경제적으로 너무 어려웠다. 부모님은 마지못해 그녀를 다른 곳으로 보내야 했다. 입 하나 덜기 위해 딸을 식모로 보내야 했던 시절이었다. 누나는 나보다 아홉 살 위였다. 나는 아무것도 몰랐다. 후에도 어머니에게 언제 어떻게 보냈느냐고 묻지 않았다. 누나에게도 마찬가지였다. 어린 나이였지만 아픈 상처를 건드리고 싶지 않았다. 그때 기억을 더듬어 보면 아마 4년 동안은 식모 생활을 하지 않았을까 싶다.

부모님은 딸을 보내고 얼마나 마음이 아렸을까. 밤마다 잠을 이루지 못했을 게다. 평소 같으면 아버지는 설날에 집에 오셨는데, 그때는 미리 추석에 오셨다. 딸을 데려오기 위해 서너 달을 앞당긴 것이었다. 그런데 또 다른 이별이 기다리고 있었다. 큰누나의 귀향으로 작은누나가 대신 논산 외삼촌 댁으로 가야만 했으니. 당시 우리 가정은 그런 아픔들로 세월을 채워나갔다.

나의 고향은 어디에도 은행나무가 없었다. 그런데 큰누나는 가을이 되면 은행잎을 말하곤 했다. 빨강 양철지붕이었다는 광주의 어느 집, 식모 생활을 했던 그 집에 큰 은행나무가 있었단다. 떨어지는 은행잎마다 가족의 얼굴을 떠올렸고, 그때마다 눈엔 이슬이 맺혔단다. 그 슬픈 표정을 주인에게 보이지 않으려 때론 얼굴도 돌렸다는 앳된 아가씨가 바로 나의 누나였다. 집 생각을 잊으려고 보이는 대로 책을 읽었다는 누님. 그녀는 그 어린 나이에 험한 바다에서 자신의 쪽배를 저어갔다.

집으로 돌아온 누님은 어머니의 농사일을 거들었다. 그러다가 아버지가 계신 서울로 갔다. 그 후 일 년쯤 뒤 시집간다는 말을 어머니에게서 들었다.

돈 복이 없으면 서방 복도 없는지 누님은 속아서 결혼했다고 한다. 지방의 최고 명문 고등학교를 졸업했다는 그녀의 남자는 실업자였다. 그는 뜬구름만 쳐다보며 살았다. 명문고 출신이라는 자존심에 하찮은 일을 하지 않으려고 했단다. 목에 풀칠하는 게 삶 아닌가. 그녀는 남편 대신 밥벌이에 나섰다. 겨우 초등학교를 졸업한 누님의 일자리는 재봉일 뿐이었다. 시골에 있을 때 재봉틀이 있어 이웃들의 옷을 꿰매 주던 재봉 실력으로 '시대 와이셔츠' 공장에 들어갔다.

거친 삶의 바다에서 홀로 작은 배를 저어갔던 누님. 빈둥거리는 남편을 십 년 넘게 먹여 살렸다. 날마다 재봉틀을 돌린 그녀는 유산을 거듭했다. 하긴 아기 낳아서 키울 형편도 되지 않았다. 부지런한 천성은 회사에서 능력을 인정받아 새로 들어오는 여공들 재봉을 가르치고, 생산을 독려하는 반장 일을 몇 년째 맡고 있었다. 하지만 가정은 언제나 잿빛이었다. 무능한 남편 때문이었다. 지친 누나는 헤어지기로 마음먹었다.

그런 사이, 아내 덕에 살아온 그녀의 남자는 가슴에 가시 장미를 키우고 있었다. 이혼하자고 하니 위자료를 요구한 것이다. 참으로 어이없는 일. 당연히 둘 사이는 협상은 되지 않았다. 할 수 없이 그녀의 남동생이 대신 나서서 이혼 청구 소송을 하게 되었고, 결국 이혼했다. 나중에 사연을 들으니 답답하고 속상했다. 처가 식구를 해치겠다는 협박까지 했다니. 누나의 삶은 눈물이 마르지 않는 젖은 손수건이었다.

그녀는 친정으로 돌아와 마음을 추스렸으나 몸이 아프기 시작했다. 검사 결과는 자궁암이었다. 그녀는 자궁외임신이 되어 수술했던 일이 있었다. 그 일의 잘못 때문인지는 알 수 없으나, 쪽배는 고장이 나고 말았다. 고쳐야겠다고 쪽배를 갯벌 위에 올려놨지만 수리를 못할 정도로 망가진 상태였다. 더는 항해가 불가능하다는 진단이 내려졌다. 그녀, 내 누님의 인생은 거기까지였다.

병원에서 집으로 돌아온 누님의 배는 쌍둥이를 뺀 것처럼, 늘어난 뱃살의 실금들이 뱃길처럼 하얗게 드러났다. 물도 삼키지 못하고 토해냈다. 뱃속의 바닷물을 퍼내듯 짠 눈물만 쏟으며 모든 것을 체념해 갔다. 차마 그녀의 얼굴을 바라볼 수 없었다. 그래도 정이 그리웠는지 헤어진 남편을 보고 싶어 했다. 김 서방을 불러 달라고 했지만 나는 매몰차게 거절했다.

"그딴 새끼, 뭐 하러 불러….".

가쁜 숨은 시계 초침처럼 헐떡댔다.

"경화야! 나 '오란씨' 하나 사다 줘."

나는 가게를 가는 척 밖으로 나왔다가 잠시 후 들어가 거짓말을 했다.

"누나, 가게에 '오란씨'가 다 떨어졌어."

가슴 아픈 거짓말이었다. 이승을 떠나는 날까지 누나에 대한 미안함은 내 가슴에서 떠나지 않을 것이다. 그땐 작은 오란씨 한 병 살 형편이 되지 않았다. 그날 이후 노란색이 들어간 음료수는 마시지 않는다.

그녀는 고통으로 얼룩진 서른넷을 살았다. 은행잎이 떨어지는 슬픈 계절에 떠나간 누님! 저세상에서는 쪽배가 아니길 바란다.

덕구

초등학교 3학년 늦여름 밤이었다. 뒷산에서 내려온 늑대와 덕구가 한판 붙었다. 말로만 들어도 무서운 늑대, 화장실 가기가 두려웠다. 저녁 잠자리를 펴며 어머니에게 여쭈었다.

"어머니도 어젯밤에 굉장히 무서웠지요?"

"어휴~, 가슴이 덜덜 떨렸다."

"그러니까 요강 좀 사와요. 오줌 쌀 뻔했어요."

자정이 넘어서였다. 우리 집 개 덕구가 사납게 으르렁대며 짖는 소리에 잠이 깼다. 아무래도 또 늑대가 온 모양이었다. 어른은 어머니뿐인데 어머니도 늑대가 무서워서 나가지 못했다. 그동안 늑대는 우리 돼지를 몇 마리나 물고 갔다. 어머니가 힘들게 십리 길 장에서 새끼 돼지를 이고 지고 사 와서 몇 달 키우면 늑대 놈이 잡아가곤 했다. 예전에 돼지를 자꾸 잡아가 그 맛을 알게 된 녀석이 또 온 것이 분명했다. 어머니는 속상해 한동안 돼지를 더 사오지 않았다. 그러니 돼지우리는 비어 있었다.

돼지 대신 개를 노렸던 늑대는 덕구의 실력을 알지 못했다. 덕구는 진돗개 후손으로 이미 큰 수캐였다. 귀는 쫑긋이 서고 꼬리를 위로 둥글게 감아올린 황구였다. 늑대가 감히 넘볼 수 없는 눈빛과 잘생긴 용모로 동네 모든 암캐의 흠모 대상이었다. 어떤 사람들은 진돗개냐고 묻기도 했다. 덩치가 크고 힘도 세고 영리했다. 덕구를 키운 이후에는 돼지를 한 마리도 빼앗기지 않았다. 그전에 있었던 다른 똥개들과는 차원이 달랐다.

어릴 때 살던 곳은 산골이 아니었다. 그런데도 늑대가 자주 왔던 것은 먹이가 부족했던 탓 아닌가 싶다. 집 앞은 드넓은 들이 있고, 산과 들 사이에는 신작로가 있었다. 수시로 자동차가 다니는 길인데, 뒷산이 문제였다. 두륜산으로 연결된 산은 끝없이 이어졌다.

나는 뒷산의 끝이 어디인가 매우 궁금하기도 했다. 어느 해는 먼 산에서 불이 났는데 밤낮으로 3일 동안이나 탔다. 결국 비가 내리면서 꺼졌다. 산은 마치 내 가족의 친척들이 연결되어 있듯이 산에서 산으로 끝없이 이어졌다. 그렇지만 마을이 있던 곳은 산의 끝자락이라 산짐승은 거의 없는 듯이 보였다. 짐승들에게 농작물 피해를 받은 일이 거의 없었다. 그런데 어느 날부터 집 뒤로 여우가 휘~잉, 휘~잉 울고 다녔다. 그 울음소리에 나는 몸서리가 쳐졌다. 그런 이후에 어디에서 오는지 늑대가 곧잘 나타났다.

덕구가 늑대와 싸운 밤은 달이 환하지는 않았다. 그러나 그들의 싸움을 다 볼 수 있을 만큼은 밝았다. 방문은 두 짝으로 매우 컸고, 아직 늦여름이라 모기장이 절반이나 붙어 있었다. 방문 앞엔 널마루가 있고, 마루 아래 덕구 집이 있었다. 마당 한가운데에서 덕구는 목에 털을 바짝 세우고 으르렁거렸다. 이를 노려보던 늑대가 득달같이 덕구를 덮치려 했다. 하지만 덕구도 만만치 않았다. 옆으로 살짝 피하며 늑대의 목을 물려고 덤벼들었다. 늑대도 용케 피했다. 늑대는 으르렁거리지 않았다. 안으로 숨을 고르는 모양새였다. 둘은 덩치가 서로 비슷했다. 덕구는 먼저 공격을 하지 않았으나 방어 뒤에는 꼭 공격했다. 둘 사이 그렇게 공격과 방어가 계속되었다. 방에 엎드려 모기장이 발린 창살 사이로 지켜보던 나도 머리털이 섰다.

어머니는 내 곁에 꽉 붙어 있었다. 덕구를 도와야 하는데 어떤 방법도 떠오르지 않았다. 어린 나는 힘도, 용기도 없었다. 마음속으로 덕구가 이겨주기를 바랄 뿐이었다. 순간 다듬잇방망이가 생각났다. 어머니 귀에 대고 아주 작은 소리로 속삭였다.

"어머니, 방망이 던질까?"

"가만있어."

어머니도 두려움에 와들와들 떨고 있었다. 덕구가 속닥이는 우리의 소리를 들은 듯했다. 주인에게 의지하고 싶었는지 마루로 뛰어 올라왔다. 마루는 큰 방이 두 칸이니 길었다. 늑대도 뒤따라 뛰어 올라왔다. 마루에서는 덕구가 자신감이 생긴 듯 먼저 공격을 했다. 그때마다 늑대는 마당으로 쫓겨 갔다. 그래도 잡아먹고 싶은 미련이 있었는지 계속 뛰어 올라왔다. 그때 나는 덕구의 새로운 모습을 보았다. 늑대가 무서워 덤비지 못하게 하는 늠름한 그 자세를. 마루에 서만은 늑대가 먼저 공격하지 못했다. 덕구가 공격하면 늑대는 방어하다 마당으로 쫓겨가기를 반복했다. 바로 방문 사이를 두고 벌이는 덕구와 늑대의 결투. 그 모습을 보고 어머니는 힘이 나셨는지 갑자기 방문을 손으로 쿵쿵 치셨다. 덕구는 더 사납게 달려들었다. 응원하는 주인을 믿고 마당으로 쫓겨난 늑대에게 계속 공격을 했다. 자신감이 붙었다. 늑대를 해볼 만한 상대로 여긴 기세였다. 어머니의 응원 소리가 더 커졌다.

"덕구야!"

소리치며 방문을 확 밀쳤다. 늑대가 놀라 도망쳤다. 덕구는 돌담이 있는 곳까지 뒤쫓았다. 어머니는 마당으로 뛰어내리며 덕구를 불렀다. 늑대는 쫓겨 가고 덕구는 숨넘어갈 듯 헐떡거리며 어머니에게 안겼다. 어머니가 덕구를 끌어안았다.

"덕구야, 징하게 싸웠다. 아주 잘했다!"

덕구가 고마워 나도 덥석 안아주었다. 덕구의 심장이 세차게 뛰고 있었다. 나도 빨리 크고 싶었다.

내가 한참을 끌어안고 있는데 덕구가 일어섰다. 또 목에 털을 세우며 산길 나가는 쪽으로 내달렸다. 어머니와 나도 뒤따랐다. 덕구는 씩씩거리며 땅바닥 냄새를 맡으며 늑대가 지나간 길을 찾고 있었다. 아무래도 분이 덜 풀린 모양이었다. 덕구를 달래 마루로 데려왔다. 나는 아침까지 끌어안고 있다가 덕구 몸을 살펴봤다. 심하게 물린 자국은 없었다. 자신감 등등한 우리 집 대장이었다. 덕구는 우리 집의 영웅, 아니 나의 영웅이었다.

이 녀석이 사납고 용감하게 된 이유가 있다. 건장한 청년이 되면서 동네 암캐들의 유혹을 많이 받았다. 말하자면 바람을 피러 다녔다. 어머니는 개를 잃어버릴 것 같다며 걱정을 했다. 어느 날은 이삼일간이나 집에 들어오지 않았다. 들녘 건너 큰 동네에서 찾아오기도 했다.

급기야 덕구는 줄에 묶이는 신세가 되었다. 마음대로 돌아다니던 개가 감옥살이하는 꼴이니 성격이 포악해지기 시작했다. 주인에게는 공손했지만 낯선 사람이나 지나가는 다른 수캐들을 보면 가만있지 못했다. 당시 모든 개의 대장이었던 면사무소 양조장 집 개와는 앙숙이었다. 술 배달을 가는 자전거 옆을 늠름한 자세로 함께 다니던 백구를 볼 때마다 서로 물고 뜯고 야단이었다. 몇 차례 대판 싸우기도 했다.

마침내 싸움 대장 덕구는 '여기는 내 땅이야. 너 이 새끼, 다시 오면 죽는 줄 알아!'라고 선포하듯 씩씩거렸다.

양조장 백구는 우리 덕구만 보면 있는 힘을 다해 줄행랑쳤다. 결국 양조장 개가 꼬리를 내렸다.

평온하던 집에 전쟁을 치른 밤이 지났다. 어머니는 집을 든든하게 지켜준 대접으로 덕구를 위해 특별한 된장국을 끓이셨다. 다른 날보다 멸치를 더 많이 넣었다. 덕구는 된장국에 밥을 말아주면 아주 잘 먹었다. 어디 그뿐인가, 점심에는 고구마를 더 많이 쪄 먹었다.

  어머니는 동네 사람들에게도 밤사이 있었던 늑대와의 싸움 이야기를 했다. 덕구의 영웅담에 어머니도, 동네 어른들도 모두 어깨가 으쓱했다. 어른들은 녀석을 쓰다듬으며 대단하다고 칭찬했다. 당시 반장을 하시던 현선이 아버지가 이 동네 저 동네 소문을 퍼뜨려 덕구는 아주 유명한 개가 되었다. 며칠간 덕구는 긴장된 표정이었으나 한 주일쯤 지나서 평온을 되찾았다.

  늑대는 호랑이처럼 건장한 남자가 없는 집이라는 사실을 알고 있었을까. 하긴 옆집도 얼마 전에 꽤 큰 돼지를 늑대에게 빼앗겼다. 그런 이후 그 집은 몽둥이와 돌을 마루 위에 준비해 두었다. 그러나 우리 집은 남자 어른이 없었으니 어쩔 수 없었다. 덕구와 싸웠던 늑대는 다시 오지 않았다. 덕구는 더 씩씩하게 자라 건장한 성견이 되었다. 정말 대견한 놈이었다. 지금까지도 그 녀석을 잊어본 일이 없다. 내가 다시 시골에 산다면 또 그런 개를 키우고 싶다. 영웅은 언제나 영웅으로 남으니까.

강현욱 선생님

 잠결에 소방차 소리가 들렸다. 호루라기 소리도 요란하다. 조용한 시골 읍에, 더구나 깊은 밤에, 어인 일일까. 잠결이었지만 궁금했다. 하지만 냉기가 가득한 방이라 몸을 웅크리고 이불을 끌어당겼다. 근데 주인집 아들인 고등학생 형이 우리를 밖으로 불러냈다.
 "큰일 났다, 큰일 났어. 학교에 불이 났다!"
 "빨리 학교에 가보자."
 '아니, 학교에 웬 불이 났다는 말인가.'
 우린 호롱에 불을 밝히고 주섬주섬 옷을 찾아 입었다. 그리고 한 사람씩 차례로 마당을 돌아 사립문에서 학교 쪽을 보았다. 나도 모르게 입이 쩍 벌어졌다. 시꺼먼 연기와 검붉은 불길이 하늘로 치솟고 있었다. 아직 쌀쌀한 겨울날이었다. 가서 무엇을 하겠다는 생각 없이 무조건 뛰었다.
 그 집은 자취생들에게 세를 놓았는데 방 3개에 열 명이 기거했다.

우린 밭길을 지나고 느티나무 고목이 가득한 공원을 지나 단숨에 학교 정문 앞으로 다가갔다. 벌써 많은 사람이 모여 있었다. 경찰은 누구도 학교에 들어가지 못하게 했다. 위험하다고 호루라기를 불며 진입을 막았다.

난생처음 눈앞에서 보는 큰불이었다. 검은 연기가 하늘을 삼키고 화마가 열기를 온통 길바닥으로 토해냈다. 덜렁 한 대의 소방차와 물차는 불길에 비하면 어린아이였다. 물줄기가 아이 오줌발처럼 짧아 불 중심에 가 보지도 못했다. 불은 제 세상을 만난 듯 날름거리며 용솟음쳤다. 교문 밖 길에 서 있는 구경꾼에게 불티는 눈발이 휘날리듯 만용을 부리며 떨어졌다. 우리는 어떤 힘도 쓸 수 없었다. 가슴 졸이며, '왜 이렇게 됐느냐'고 발만 동동 굴렀다.

그날 밤, 불길은 바람을 타고 나무로 지어진 오래된 2층 건물 교실 12칸을 모두 태워버렸다. 교무실마저 다 타 버렸으니 학교 행정은 엉망이었다. 임시 휴교를 했다. 이제 중학교 3학년이 되어야 하는데 어찌 될지?

소문은 무성했다. 그날 밤 당직하던 강현욱 선생님이 경찰에 잡혀갔다고 했다. 우리 사이에는 참 좋은 선생님으로 평이 나 있었는데…. 발걸음도 군인처럼 언제나 씩씩해 우리들의 우상이었다. 그런데 이제 다시 볼 수 없을 것 같아 몹시 애잔했다.

강현욱 선생님은 육군사관학교를 졸업했다. 군대는 의무 복무만 마치고 교육자의 길을 택했다고 한다. 아주 미남이고 늘 웃으시던 분.

내가 1학년일 때는 체육을 담당했고, 2학년 때는 수학을 가르쳤다.

　강 선생님과 인연은 1학년 첫 번째 체육 시간, 매 맞는 것으로 시작되었다. 운동장은 다른 학년들이 이미 다 차지하고 있었다. 새내기 1학년은 어쩔 수 없이 실내 수업으로 대체해야 했다.

　그날, 체육복을 입지 않은 학생은 나를 포함해 여섯 명이었다. 운동복을 가져와야 한다는 공지사항을 받았지만 어머니께 미처 말을 못했다. 선생님은 체육복을 가져오지 않는 학생은 앞으로 나오라고 했다. 선생님은 대뜸 왜 체육복을 가져오지 않았느냐고 물었다. 한 사람씩 대답을 듣더니 다음 시간에는 꼭 챙겨 오라는 경각심으로 종아리를 두 대씩 때리겠다고 했다.

　종아리 맞는 것 자체가 두렵기는 했지만 어차피 맞을 매는 먼저 맞아야 마음이 편했다. 나는 맨 먼저 단상 한쪽 귀퉁이에 올라섰다. 바짓가랑이를 끌어올렸다. 지시봉으로 때리는데 따끔했다. 순간 무슨 생각이었는지 한 대를 더 때려달라고 했다. 선생님은 웃으시며 "요놈 봐라!" 하시더니 나의 얼굴을 유심히 쳐다보았다. 그렇게 한 대를 더 맞았다. 나는 또 매를 청했다.

　"선생님, 다른 학생은 때리지 마십시오. 제가 대신 다 맞겠습니다. 저를 때리십시오."

　이번에는 불쾌하고 난감하다는 듯 지시봉 끝을 만지작거렸다. 더 때릴까 말까 난처한 모습이 분명해 보였다. 또 한 대를 맞았다. 아파도 꾹 참았다.

"다 들어가!"

종아리가 따끔따끔 시큰거렸다. 하지만 마음은 시원했다. 수업이 끝나고 아이들이 내게 몰려들었다.

"야, 안 아파?"

"안 아프면 사람이 아니지!"

"다른 때도 네가 나 대신 맞아줄래?"

"미쳤냐!"

난 언제나 반 아이들의 중심에서 재미나게 1학년을 마쳤다. 선생님과의 인연은 계속되었다. 인연은 체육에서 수학으로 이어졌다. 그쯤 선생님은 내 이름을 외우고 계셨다. 나는 우쭐했다. 학교 어디에서 만나도 늘 격려해주셨다.

"한경화, 열심히 해!"

선생님의 그 한 마디는 학교생활에 늘 힘이 되었다. 숙제도 빠짐없이 하고, 2학년 학년말 시험도 끝났다. 이제 3학년이 될 거라고 마음이 잔뜩 부푼 터에 학교에 불이 난 것이었다.

새 학년이 되어서는 선생님은 보이지 않았다. 감옥에 갔다는 소문은 여전했다. 몇 달이 지났다. 은근히 걱정되었다. 감옥 생활을 오래할까 봐서였다. 그런데 어느 날 운동장 조회 시간에 선생님이 보였다. 너무 반가웠다. 단상 양옆으로 쭉 서 있는 선생님들 가운데 강현욱 선생이 계셨다. 이상하게 얼굴이 하얀 종잇장처럼 창백했다. 정말 그토록 하얀 얼굴은 처음 보았다. 우리는 감옥에서 햇빛을 보지 못해 그렇다고 짐작했다. 여기저기서 이런저런 수군거림이 들렸다. 감옥에 계신 시간은 그리 길지는 않았다. 다시 3학년 수학을 가르쳤다.

시골 읍에서 과외란 이야기를 들어본 일이 없었다. 근데 여름이 지나고 가을로 들어서며 강 선생이 학교 수업이 끝난 후에 YMCA 강당에서 과외를 한다는 이야기가 퍼졌다. 그때 3학년은 남학생 4학급에 여학생 2학급 모두 여섯 학급이었다. 그런 시골 읍에 최초 과외가 생긴 것이다. 그 과외에 참여하는 학생은 남녀 합해서 한 학급쯤 되었다. 책상 걸상이 있는 것이 아니고 그냥 마룻바닥에 앉아 문제지를 푸는 공부였다. 문제지를 풀다가 막히면 알아들을 때까지 선생님은 열성적으로 설명을 해주셨다.

하루는 숙제를 해 가지 않아 마음이 조마조마했다. 선생님이 지목하면 칠판에 문제를 풀어야 했다. 난 언제나 맨 앞줄 가운데 앉았다. 수업을 시작하면서 "너!" 하기에 고개를 쳐들고 선생님 손을 봤다. 선생님께서 손바닥을 쭉 펴고 있기에 '나는 아니구나' 안심하고 고개를 숙이고 문제지를 보고 있었다. 그런데 더 큰 소리로 "너, 너!" 하는 것이 아닌가. 나는 고개를 들었다. 아, 이런 낭패라니. 집게손가락 하나를 'ㄱ' 자로 꼬부려 바로 아래 나를 가리키고 있었다. 순간 홍당무가 되었다. 여학생들은 좋다고 낄낄거리고 부끄럼이 많던 나는 몸 둘 바를 몰랐다. 선생님은 넉살스럽게 웃으며 숙제 안 한 사람은 얼굴에 다 쓰여 있다고 꾸짖었다.

강현욱 선생님의 활짝 웃는 선생님의 모습이 지금도 새록새록 떠오른다. 세상의 관계는 바뀌지 않는다. 스승은 언제나 스승이고, 제자는 언제나 제자다. 한데 역할은 변한다. 언제 기회가 되면 옛 추억을 꺼내 안주하며 선생님께 술 한잔 따라드리고 싶다.

3월 풍경

봄이 고속도로를 타고 달려왔다.

3월 하순, 일주일 전에 송사리가 떼 지어 헤엄치는 걸 봤는데 그새 벚꽃 핀 게 보인다. 이틀쯤 지나면 개나리도 봉오리를 터뜨릴 것 같다.

꽃은 계절을 귀신처럼 안다. 귀신처럼 순서를 지켜 피고 진다. 내가 살아온 동안은 언제나 개나리가 먼저 피고 벚꽃은 나중에 피었다. 하지만 올 3월엔 순서가 바뀌었다. 별일도 아니라는 듯이 날씨는 쾌청의 연속이고 봄은 연신 싱글벙글이다. 꽃이 웃으면 사람도 따라 웃는다. 그러니 인간의 얼굴은 봄날에 가장 화사하다.

내가 사는 아파트 옆에는 건천이 있다. 여름에는 물이 넘치지만 겨울에는 개천 대부분이 말라 있다. 물론 보이지 않는 자갈 밑은 물이 쉼 없이 흐르리라. 땅이 온전히 마르면 만물의 삶이 모두 멈추지 않겠는가. 건천 군데군데 실개천이 흐른다. 작은 웅덩이도 여러 곳에 있다. 그 웅덩이는 겨울이면 대부분 꽁꽁 얼어버린다. 그런데 딱 한

곳만이 겨울에도 샘처럼 물이 솟아난다. 그곳에서는 송사리도 보인다. 그리 추웠던 겨울을 어찌 버텼을꼬. 가녀린 그들이 대견해 한참을 엎드려 바라본다. 수십 마리다. 떼를 지어 이리저리 몰려다닌다. 봄은 그처럼 송사리에게도 온다.

우리가 사는 아파트는 세대마다 텃밭을 갖고 있다. 부지런한 주민은 2월이 끝나면 흙을 뒤엎는다. 겨우내 숨죽이고 있던 흙들이 깜짝 놀라 일어난다. 아직까지 잠자던 굼벵이까지 삽질에 뒤집힌다. 그러던 텃밭이 벌써 푸른빛이다. 마늘도 살고 쪽파도 산다. 시금치, 근대, 딸기, 열무… 그 외 여러 종류의 풋나물이 딱 자리를 잡고 있다. 내 텃밭에도 부추와 상추, 쑥갓이 파랗게 흙을 붙들고 있다.

어린 시절 3월이 떠오른다. 땅끝에 가까운 해남 현산면이다. 멀지 않은 곳에 종마소가 있었다. 매년 이른 봄과 늦가을이면 말들이 기지개를 켰다. 주인도 없이 이십여 마리의 말이 땅을 박차고 먼지를 일으키고 뜀박질했다. 어디서 출발하는지 몰랐다. 또 어디로 가는지도 몰랐다. 어린 우리는 말을 보고 그저 손뼉을 치곤 했다. 잘 뛰라고 응원만 했다. 그들 중에는 어린 새끼 한둘은 꼭 끼어 있었다. 그 망아지는 늘 봄을 몰고 왔다.

그때는 나도 아주 여린 새싹이었다. 그런데도 그 가슴속에 또 다른 싹들이 뭉클뭉클 자랐다. 함께 뛰고 싶었고, 어디론지 멀리 가고 싶었다. 날마다 보이는 산과 들녘, 집과 친구들을 벗어나 새로운 곳을 가보고 싶었다. 당시엔 라디오로 축구 중계방송을 들었다. 라디오

속 그 운동장에 가보고 싶었고 공을 차는 선수가 보고 싶었다. 봄이면 더 그랬다. 어린 마음속은 도회지의 봄이 그렇게 궁금했다.

지금은 모든 것이 흔하다. 사람도 흔하고 먹을거리도 넘친다. 옛날보다 사는 게 아주 풍성해졌다. 버려지는 것 또한 많다. 모든 게 자본과 노동력의 산물인데, 어젯밤엔 튀긴 통닭이 포장이 찢겨 길바닥에 쏟아져 있는 것을 보았다. 누구도 거들떠보지 않았다. 돈을 땅에 마구 버리는 것이다. 땅이 열받는다. 그래서 겨울이 빨리 물러간 것이리라.

아파트를 중심으로 오른쪽 왼쪽 산속의 나무들이 기지개를 켠다. 어깨를 쭉 펴고 허리도 펴고 다리도 쭉쭉 뻗는다. 고개를 빙글빙글 돌리기도 한다. 한 해를 살기 위한 몸풀기다. 준비운동으로 상기된 얼굴은 푸른 화색이 돈다. 연둣빛 물결은 소리도 없이 어제 오늘 다르게 퍼져 나간다.

경인교대로 가는 시내버스 6-2번을 탔다. 새파란 싹들이 버스 안에서 출렁인다. 한눈에 보인다. 아이들은 새내기라는 것이, 선생님이 되겠다는 푸른 꿈이 일렁인다. 그러나 이제 새내기 틀을 벗은 3, 4학년은 총총한 눈빛이 없다. 그들은 걱정스런 눈빛이지만 신입생들은 싱그러운 풀냄새까지 풀풀 난다. 교정도 그렇다. 아직 어린 벚나무들이 멋도 모르고 냉큼 꽃을 피웠다. 삼성산으로 둘러싸인 교정은 시내보다 기온이 낮다. 그런데도 놈들은 용기를 내고 싶었는지, 아니면 꿈이 크기 때문인지 힘찬 꽃망울을 터뜨린다. 언젠가는 믿음직한 거목이 될 거라고…. 그때면 이 새내기들도 믿음직한 선생이 되어 있겠지. 문득 생각이 스친다. 우리네 인생은 어디까지 푸르르다가 언제부터 푸르름이 시드는 것일까.

캠퍼스 후문 언덕을 걸어서 내려간다. 우거진 잣나무 솔향이 싱그럽다. 햇살도 정겹다. 새내기들의 발걸음 소리가 더 경쾌하다. 흙도 싱그럽게 웃는다.

눈이 침침해서인지 조금 먼 곳에서 사람이 올 때 얼굴을 잘 구분하지 못한다. 대체적인 실루엣, 그 윤곽만 보인다. 다만, 옷차림으로 구분하고 짐작한다. 3월은 싱싱한 색깔의 옷을 입고 있다. 그들은 물오른 청춘이다.

관악역 앞 경수산업도로 지하보도를 건넌다. 맞은편에서 강의 시간에 쫓긴 학생이 뛰어온다. 얇은 주황색 점퍼에 푸른색 가로줄 무늬 나비가 팔랑거린다. 하얀 배추꽃 한 송이도 종종종 뒤따른다. 이 꽃과 나비도 머지않아 새 생명을 잉태하리라. 지하보도 밖은 상쾌한 3월 하늘이다.

전철역으로 가는데 역에서 아가씨가 나오고 있다. 아이보리 카디건에 하늘색 짧은 스커트를 입었다. 촘촘한 망사스타킹에 하이힐을 신었는데 걸음걸이가 활기차다. 갈색 톤을 넣은 짧은 웨이브 파마머리가 봄바람에 휘날린다. 잠깐 그녀를 스친다. 3월에 불어오는 갈바람이다.

이성부 시인의 시 〈봄〉이 떠오른다. 올해의 봄은 '한눈을 팔지 않앉고 싸움도 하지 않고' 부지런히 왔고, 3월이 가기 전에 소낙비 몰려오듯 아지랑이 끌고 왔다. 놀라 나자빠지게…. 이제부턴 3월을 더 좋아해야겠다.

덥데데하게 빚은 개떡 같은 3월이 올해는 정말 마음에 든다.

경상도 아주머니

백포리 포구는 크지 않았다. 작은 어선만 드나드는 항구마을이었다. 농토가 없는 그곳 대부분 사람은 고기잡이에 매달렸다. 바다가 곧 그들의 삶터였다.

그 동네에는 우리 어머니보다 훨씬 젊은 과부가 살고 있었다. 그녀는 항시 생선을 머리에 이고 팔러 다니셨다. 우리나라 남서쪽 땅끝이기에 모두 전라도 말을 하는데, 그분만은 특이하게 경상도 말을 썼다. 우리 집에서는 그분을 경상도 아주머니라고 불렀다. 우리 어머니는 그 아주머니와 아주 친했다. 어머니는 경상도 말을 잘하셨다. 그분과 어머니는 사소한 일상 얘기를 나눌 때 경상도 말을 했다. 어머니는 일본 오사카에서 20년을 사셨는데 그때 경상도 사람들이 모여 사는 곳에서 생활하면서 그쪽 말투가 입에 익었단다. 그분이 어머니에게 친언니처럼 가깝게 정을 느낀 것도 서로 닮은 말투 때문인지도 모른다. 닮으면 가까워지는 게 인지상정 아닌가.

우리 마을에서 포구까지는 십 리 길이었다. 신작로를 따라가면 좀 더 멀었다. 사람들이 면사무소 쪽에서 포구 방향으로 갈 때는 마을 앞에서 시작되는 들녘 지름길로 다녔다. 평야처럼 넓은 들녘의 모서리에서 모서리로 질러가는 길이었다.

들녘 끝, 먼 곳에서 사람이 오면 처음은 까만 점으로 보였다. 그러다가 점점 가까워지면 사람의 형상이 들어왔다. 그 아주머니가 오는 날은, 머리에 인 철통이 먼저 눈에 들어오고, 더 가까이 다가오면 한쪽 팔을 활개 치며 걷는 모습이 보였다. 그건 힘한 세상을 헤쳐보려는 몸부림 같았다. 아주머니 덕에 우리 집은 생선이 떨어지는 날이 거의 없었다. 나는 비린내 나는 생선을 좋아하지 않았는데도 어머니는 아들을 위해 생선을 절여 말렸다가 나에게 먹이곤 하였다. 겨울을 나기 위해 가을이면 더 많은 생선을 말렸다.

어머니가 생선을 자주 산 건 형편이 넉넉해서가 아니었다. 아주머니가 불쌍하다는 생각에 얇은 호주머니를 더 비운 것이다. 생선을 팔아 생계를 유지하던 아주머니의 남편은 일본에서 공부한 지식인이었다. 나보다 두 살 많은 아들이 하나 있었는데 그 아들은 공부를 잘했다. 학년에서 언제나 1등이었다. 아주머니 남편은 아는 것이 많다는 이유로 6.25전쟁 때 북한군이 죽였단다. 우리 마을에도 한 부잣집은 단지 지주라는 이유로 반동으로 몰려 생죽음을 당했다고 한다. 역사의 아픈 흔적들은 세월이 흘러도 곳곳에서 살아 꿈틀댄다.

어느 날, 집배원 아저씨가 우리 아버지가 서울에서 보낸 편지를 가지고 왔다. 그 아저씨는 동네에 떠도는 소문도 전달하고 다녔다. 이런저런 이야기를 나누다 경상도 아주머니 얘기를 꺼냈다.

"경상도 아주머니 있지요? 그분이 일본에서 여고를 졸업했대요. 우체국 사람들이 다 놀랐다니까요."

"어떻게 알았어요?"

"생선 팔고 되돌아가는 길에 우체국에 들렀어요. 편지지를 사 들고 와서 펜을 좀 빌려 쓰자고 했어요. 직원이 책상을 빌려주고 뒤에서 살짝 넘겨다 보니, 한문과 일본어로 일사천리로 편지를 쓰더래요. 그래서 편지 다 쓰고 난 뒤에 물어보았대요."

"아마 면에서 그 또래 아주머니 중 여고를 졸업한 사람은 없을 거예요."

"나는 진즉 알고 있었어요."

"일본에 친정 식구가 있어도 시대가 이러다 보니 돌아가지도 못한대요. 그래 저리 혼자 고생하며 살잖아요."

"그렇다고 하더군요. 참 안됐어요."

집배원 아저씨는 우리 어머니와도 친했다. 아버지와 큰형이 자주 편지를 보내 우리 집을 자주 들락거렸다. 그런 인연으로 아저씨는 점심 도시락을 우리 집에서 자주 먹었다. 우리 면面에는 우체국이 없었다. 그분은 이웃 면에 있는 우체국 집배원이었다.

일본 여고 소문은 꼬리를 이었다. 평소 하찮게 보았던 생선 장수 아주머니의 대접이 달라졌다. 그분을 몰랐던 사람이나 학교 선생님 가족, 면사무소 직원 가족들도 모두 그를 도왔다. 아주머니는 가끔 생선을 요리하는 방법을 어머니에게 가르쳐 주셨고, 일본에서 살았던 이야기도 함께 나눴다. 그곳 친정 이야기를 하다가 눈물 흘리는 것을 본 적도 있다. 아마 친정에 편지를 썼던가 보다.

내가 가장 좋아했던 음식은 햇볕에 말린 생선구이다. 그중에서도 숯불에 구운 고등어나 갈치, 병어였다. 그 생선들은 가시가 적고 살이 많아 맛이 있었다. 어머니는 생선에 양념간장을 바르고, 다 구워지면 참기름까지 발랐다. 비린내를 싫어하는 자식을 위해서였다. 그러니 그 맛을 어떤 반찬에 비교하랴. 나뿐만이 아니고 온 식구가 생선을 좋아했다.

말린 생선구이를 그렇게 좋아하면서도, 정작 포구는 한 번도 가보지 못했다. 포구는 어떻게 생겼고 어선은 얼마나 클까? 매우 궁금했다. 동네가 작기도 하지만 또래 친구는 겨우 네댓 명이었는데, 하루는 큰맘 먹고 포구로 갔다. 그 시간의 포구는 한가로웠다. 어선은 겨우 네 척이 있었는데 사람이 없었다. 바닷가엔 긴 둑길이 있었고, 큰 수문이 있고, 수문 옆으로 이어지는 돌 축대 옆에 배들이 묶여 있었다. 그 작은 포구 앞 멀고 가까운 곳에는 섬이 많았다. 그 섬 사이로 노를 저어 다니며 고기를 잡는 것 같았다.

경상도 아주머니는 들녘을 뱃길처럼 떠다니며 바다를 이어 날랐다. 어머니는 그 바다를 장독 위에 말렸다. 나는 그 맛있는 생선을 어른이 되어서는 먹어보지 못했다. 어머니의 손을 떠난 생선은, 그 어떤 생선도 어린 시절 그 맛이 아니었다.

4장

정情·
가람이 선생님께·
풀린 매듭·
홍해 바닷속은 가을이었다·
까치가 물어온 편지·
영원한 친구 '수'·
내장 들여다보기·
서당개 3년·
참새의 일가친척·
고향 가는 추억 열차·
꿈에 본 아버지·
세상의 문·
서울행 완행열차·
사라진 소리들·
아버지의 뿌리·

정情

　동생의 딸이 뉴욕에서 왔다. 삼양동 외삼촌 댁에 여장을 풀고 이틀이 지나 오늘 우리 집에 인사하러 왔다. 10여 년 만에 다시 보는 핏줄이다. 반갑다. 조카는 소파에 앉자마자 핸드백을 뒤지더니 편지 봉투를 꺼냈다.
　"웬 편지냐?"
　"공항으로 나서려는데 아빠가 몇 자 써주셨어요."
　봉투는 두둑했다. 평소에 가끔 전화로 소식을 주고받으니 특별한 소식은 없을 것 같은데도 궁금했다. 거실에 있는 식구들의 시선이 편지로 쏠렸다. 조카의 엄마인 제수씨는 일정이 맞지 않아 며칠 전에 먼저 왔다.
　참으로 오랜만에 보는 낯익은 글씨체다. 봉투 겉에는 '보고 싶은 형'이라고 쓰여 있다. 제수씨가 한마디 거든다.
　"형제분 글씨는 똑같아요."

맞다. 어떻게 그토록 같을 수가 있는지. 내가 되레 궁금할 정도였다. 동생이나 나나 군대 있을 때 행정 사무를 보았다. 그러다 보니 군대 특유의 필체가 손에 익어 비슷하지 않을까. 하지만 아주 오래된 옛일 아닌가. 요즘은 손글씨보다 키보드로 쓰는데도 동생의 필체는 여전히 그대로였다.

바닥에 앉아 봉투를 뜯었다. 꺼낸 편지는 무엇을 감싸듯이 접혀 있다. 아우와 나만이 알아야 하는 어떤 비밀이 숨겨 있을까. 그래도 펼쳤다. 편지에는 뜻밖에 돈이 들어 있었다. 100달러짜리가 여섯 장. 순간 울컥했다.

'아, 정 많은 놈.'

덧붙인 어떤 말도 없다. 이곳 형제들과 술 한잔하라는 거겠지…. 햇수를 헤아리니 동생이 서울 떠난 지 24년째다. 그렇다고 불쑥 이렇게 술값을 보내면 내가 어떻게 처신하나? 편지는 시詩처럼 아주 간단했다.

"보고 싶어요. 그리 오래된 시간이 아닌 것 같았는데…. 너무 많은 세월이 지났습니다."

정말 짧은 시간이었는데 스물넷 해라니? 동생도 이 글 몇 자 쓰면서 눈물깨나 쏟았을 게다.

아우는 총각일 때 직장 관계로 울산에서 혼자 살았다. 회사에 다니면서 밤이면 글쓰기 공부를 게을리하지 않았다. 그 덕에 지방신문에 시詩 등단까지 했다. 하지만 먹고사는 일이 우선이었다. 끝내 도망가

듯 뉴욕에 이민을 갔다. 나는 동생에게 빚을 져 늘 마음이 무거웠다. 우리 집 큰아들이 뉴욕에서 공부할 때 2년 반 동안 동생 집에서 기거했다. 한 푼의 비용도 주지 못해 아우가 다 부담했다. 그것이 내 마음의 빚이다. 그런데도 나는 아직 제수씨에게 고맙다는 말을 한마디 하지 못했다. 나란 사람은 이렇게 무뚝뚝하고 모자라다.

"아주버님, 다 정이잖아요. 부담 갖지 마세요."

어렸을 때 우리는 쌍둥이처럼 자랐다. 두 살 터울이기에 언제나 같이 놀았다. 동생은 나보다 체격이 더 컸다. 둘이 씨름을 해도 내가 늘 졌다. 그러다가 나는 군대에 갔다.

부대 배치받고 얼마 되지 않은 때였다. 부모님이 보고 싶었다. 그런데 생각지도 않은 아우가 먼저 면회를 왔다. 위병소에서 면회를 신청하니 동생 면회 왔느냐고 묻더란다. 형 면회 왔다고 하니까 얼굴을 보고 또 보더란다. 외출을 허락받고 함께 식당에 갔다. 그곳에서도 똑같은 물음이었다. 어디를 가나 형과 동생을 잘 구분하지 못했다.

우리 형제들은 모두 정이 많다. 그중에서도 이 아우가 가장 정이 많다. 동생과 다르게 나는 냉정한 편이다. 나만 외탁을 했다는 이야기를 자주 들었다. 그래도 같은 피를 이어받은 형제가 아닌가. 그 나물에 그 밥이겠지.

동생은 한국에서 인테리어 사업을 한답시고 일을 벌였으나 소득이 별로였다. 그러니 형제들에게 걱정을 안겨주는 대상이었다. 그때는 모두가 어려워 크게 도와주지도 못했다.

　이민을 알선한 것은 누님이다. 그리고 둘째형은 아우 가족 네 명 비행기 표 외에 모든 비용을 부담했다. 당시 금액으로 치면 큰돈이었다. 동생은 보따리만 싸들고 맨몸으로 간 꼴이다. 온갖 고생 끝에 지금은 안정된 자리를 잡고 잘살고 있다. 무엇보다도 아들딸 두 조카 녀석은 착실하게 공부를 잘했다. 그곳에 있는 같은 교포들이 아우네를 이민에 성공한 가족이라고 부러워한다니 정말 다행스러운 일이다.

　오늘 편지를 가져온 조카는 서울에서 유치원을 마치고 떠난 아이다. 영어 한마디 못했다. 키도 작아 그곳 아이들에게 늘 놀림감이었다. 그럴 때마다 울면서 학교 가기 싫다고 떼를 쓰곤 했단다. 그런 아이가 그곳에서 명문 보스턴대학을 졸업하고 영국 옥스퍼드대학에서 석사학위까지 마쳤다. 지금은 지구촌 유명 브랜드 회사만을 상대로 하는 광고회사 중간 직책을 맡고 있다. 아우도 우리의 구청 단위에 해당하는 지자체에서 주는 자랑스러운 시민상을 받았단다. 자식 농사까지 잘 지은 동생, '너무 많은 세월이 지났다'라는 글은 그간의 숱한 고생을 다 녹여냈다는 뜻이리라.

　소파에 앉아 있는 모녀의 웃는 표정이 모든 말을 대신했다. 10년 전 플로리다 비행학교에서 조교로 일하며 공부하던 큰조카가 왔을 때 했던 말이 생각난다.

　"백인들이 내색하지 않아도 유색인종 차별하는 것 다 느껴요."

그렇겠지. 그 큰 대륙을 개척한 자부심이 대단한 사람들이니. 그 틈에서 숱한 차별을 이겨낸 동생의 가족에게 힘찬 응원의 박수를 보낸다. 누가 뭐래도 피는 물보다 진하다. 물보다 백배 천배 진한 정이 담겨 있으니.

가람이 선생님께

선생님, 안녕하십니까.

가람이 친할아버지입니다. 직접 인사도 못 드리고 불쑥 이런 편지 글을 드리게 되었습니다. 너그러이 이해 바랍니다.

아이들 가르치기 참 힘들지요? 그나마 학생 수가 적어 도시의 선생님들보다 조금은 쉽지 않을까 하는 생각도 들지만 많으면 많은 대로, 적으면 적은 대로 그에 따른 고충은 있겠지요. 개천에서 미꾸라지 잡을 때, 잡혔다가도 손가락 사이로 빠져나가는 놈이 있습니다. 혹시 그런 녀석 중에 우리 가람이와 가온이가 해당되지 않는지 심히 염려됩니다.

뜻하지 않게 아빠를 잃고, 그 빈자리가 무엇인지 채 알기도 전에 이리저리 왔다 갔다 하는 생활이 언제까지 이어질까? 그게 걱정되어 혼자 전전긍긍합니다. 애들의 아비가 아프기 전에는 할아버지와 할머니의 사랑이 깊었는데, 이제는 마음대로 만나지도 못하게 되어 가슴 아프네요.

 제 선친이 그랬듯이 우리 형제들도 할아버지 할머니의 얼굴을 보지 못하고 살아왔습니다. 그렇기에 더욱 저만은 할아버지 역할을 제대로 하고 싶었습니다. 학교에서 지식을 배우는 것도 중요하지만 가정교육도 중요하니까요.

 저는 아들만 둘을 두었지만 늘 따뜻한 인간으로 자라기를 바랐습니다. 가람이 아비 상중喪中일 때, 그 많은 문상객이 입을 모아 아들의 인간성을 칭찬했습니다. 회사연구소 직원들은 물론이고 학교 선후배, 교회 선후배, 친지들 모두가 그가 가는 마지막을 보려고 북적였습니다. 평소 그의 됨됨이를 증명하는 자리였습니다. 녀석의 동생도 형 못지않게 바르며, 회사에서 촉망받는 젊은이입니다.

 자식 자랑은 팔불출이라고 하지만 손자들도 그렇게 키우고 싶었습니다. 모든 생물은 싹이 중요합니다. 어릴 때 익힌 습관이 일생을 좌우합니다. 어른들을 따라 배운 지식과 행동은 평생을 이어 갑니다. 아비 없는 아이들, 할아버지가 모범을 보이고 실천할 수 있도록 가르치고 싶었습니다. 그 꿈이 물거품 될까 심히 우려됩니다.

 그동안 아이들은 아비가 병중일 때는 죽음이 무엇인지 알지 못했습니다. 심지어 상중에도 장난치고 놀던 아이들이었으니까요. 그러다가 관이 불가마에 들어가고, 작은 항아리에 뼛가루가 담겨 나오는 과정을 보고서야 가람이의 표정이 달라졌지요. 그런 뒤 학교로 돌아갔다가, 20여 일 지나 방학이 되어 할아버지 집에 다시 왔을 때 이런 말을 했습니다.

"학교도 가기 싫고, 공부도 하기 싫어요."

"그래?"

저는 충격을 받았습니다.

'아, 이제 아빠 없는 현실이 무엇인지 조금 느끼는구나.' 가람이를 내 품에서 가르치고 싶었습니다. 심지어 작은놈은 외갓집에 가고 싶지 않다는 말까지 하더군요. 하지만 손자들 어미가 하는 일을 어찌 막겠습니까. 현실은 현실로 받아들여야지요.

저는 아이들은 꾸준한 학습과 사랑으로 키워야 한다고 생각합니다. 우리가 잘 아는 미국의 35대 대통령 존 F. 케네디 형제들은 명문가의 후손이지만 그의 할머니의 조련에 의해서 큰 재목들로 자랐다는 글을 젊었을 때 읽었지요. 저 또한 그렇게 믿고 있습니다. 실제로 제 아들 두 놈도 제 나름대로 학습과 사랑으로 누구의 자녀보다 건실하게 자랐다고 자부합니다. 언제나 앞서가는 아이들이었지요. 친한 제 친구가 눈물을 훔치며 이런 말로 위로를 하더군요.

"쓸 만한 놈은 하나님이 먼저 데려가더라."

하나님의 품으로 갔으니 이제 잊으라고. 친구는 종교가 없지만 불교적인 교리와 철학을 더 많이 알고 있습니다. 저도 잊으려고 노력하고 있습니다. 하지만 손자들이 보고 싶을 때, 가람이의 말이 생각납니다. "학교도 가기 싫고…." 지금쯤은 평상으로 돌아와 학교생활에 잘 적응하고 있는지 매우 궁금합니다.

참으로 무더운 여름이었습니다. 구구절절 넋두리만 늘어놓은 것은 아닌지 모르겠습니다. 다른 건 몰라도 선생님께 간곡히 부탁드리는 것은 아직도 가람이 마음이 흔들리고 있다면 뿌리가 단단해지도록 다독여달라는 것입니다. 그리고 제가 아이들을 만나러 가면 잠시 시간을 허락해 주시면 감사하겠습니다. 그마저 아이들 어미에게 허락받아야 한다면 저는 부탁을 거두겠습니다.

아직 무더운데, 아이들의 학습에 매진하는 선생님께 감사의 마음을 전하며 여기에서 끝맺겠습니다. 읽어 주셔서 고맙습니다.

-가람이 가온이 친할아버지 올림

풀린 매듭

"이제 내가 살 날도 10년밖에 남지 않았구나."

아버지는 거울 앞에서 넥타이를 매시며 마치 들으라는 듯이 혼잣말을 하셨다. 나와 어머니는 거울 속의 아버지를 바라보았다. 살을 맞대고 사시는 어머니는 무슨 말인지 아셨겠지만 난 그 말이 어떤 의미인지 몰랐다. 곰곰 생각해 보니 어렴풋이나마 아버지의 말뜻을 알 듯했다. 어느 사이 아버지는 대머리가 되었고 머리 아래쪽은 흰머리가 반이 넘었다. 때때로 힘들어하시는 모습이 예전같지 않았다. 당시 나는 고등학교 1학년이었지만 아버지의 고생이 매우 안쓰러웠다.

"아버지, 감회가 새롭지요? 하지만 이제는 그런 생각 그만 버리세요. 지금은 의술이 발달되어 사람들이 오래 살잖아요. 걱정하지 마세요."

가족의 내력을 늘 마음에 담은 아버지. 단명했다는 선친들을 그 순간에 또 떠올리시는 듯했다. 특히 그날은 그럴 만도 했다. 큰아버지

환갑이 이틀 후였다. 아버지와 어머니의 말씀으로만 들었던 대구의 큰집. 큰형님과 큰누님 그리고 작은누님까지는 대구의 큰집 존재를 알고 있었다. 그렇지만 나머지 형제들은 대구의 큰집 존재를 알지 못했다. 그때까지 한 번도 만나 뵌 적이 없었기 때문이다.

아버지는 며칠간 뜬눈으로 밤샘했을지도 몰랐다. 어머니도 지난 20년 단절의 매듭을 이제는 풀어야겠다고 마음을 다졌는지도 모를 일이다. 오직 두 분만이 느낄 수 있는 감정을 나는 알 수가 없었다.

부모님은 일본 오사카에서 큰집과 20여 년을 함께 사셨다. 철로 된 작은 문구 제품에서부터 일상 생활용품을 만드는 공장을 하셨단다. 그런데 일본의 전쟁 말기를 보니 패전할 것이 빤히 보였다. 전쟁 끝나기 2년여 전에 공장을 정리하고 귀국하게 되었다.

아버지는 친척이 없었다. 어렸을 때 살았던 부산도 다시 살 터전이 아니었다. 우여곡절 끝에 대구에 터전을 마련했다. 큰집에서 분가하는 과정에 큰어머니와 아버지 의견이 달라 '마음이 상했다'는 어머니 말씀을 어렸을 때 들었던 기억이 있다.

오사카에서 공장을 운영할 때 모든 일은 아버지가 이끌고 백부께서는 동생이 하는 일을 도왔을 뿐이란다. 그런데 백모께서는 훨씬 많은 재산을 탐하여 아버지는 결국 돌아섰다. 형님과는 헤어지지 않으려 했지만…. 모든 것을 접고 조그만 재산을 분배받고 처가가 있는 해남 땅끝으로 옮겼다. 교통이 불편했던 그때를 생각하면 대단한 결심을 하신 것이다. 외할머니의 고향인 해남 땅끝은 당시 대구에서 참으로 먼 곳이었다.

오사카에서는 외가 가족도 근처에서 함께 사셨다고 한다. 그런데 외가 쪽이 먼저 귀국해 외할머니 고향에 터를 잡았다. 아버지는 어디를 가도 타향살이를 한 셈이다. 그러다 보니 인연이 되는 외가 쪽으로 마음이 쏠렸던 모양이다. 큰어머님과 돈 관계로 서먹하게 지내느니 차라리 먼 거리에서 사는 것이 더 마음이 편했으리라.

땅끝 마을은 강물처럼 외로움도 깊었다. 단 한 번도 아버지는 농사일을 해 보지 않은 터라 모든 게 낯설었다. 무엇보다 타향사람이라고 배척당하는 게 힘들었다고 한다. 그래도 아버지는 10년을 시골에서 사셨다. 농토는 작아도 늘 큰 꿈을 꿨다. 그 꿈을 발판으로 다시 서울로 이사를 하셨다. 어느덧 아버지의 서울살이도 10년이 되었다.

아버지와 큰아버지는 친형제가 아니다. 손이 귀한 집안에 할아버지는 자식이 없었다. 그래서 할아버지의 먼 친척 아들을 양자로 입양했다. 입양 이후 한참 뒤에 아버지가 태어나서 나이 차이가 무려 10년이나 된다. 그래도 우애는 아주 좋았단다. 문제는 모든 인간의 밑바닥에 깔린 속물 근성이었다. 역사를 들추면 권력 앞에서, 현대는 재물 앞에서 부모와 형제간 법정 싸움이 그치지 않는다. 동물의 본성은 언제나 이익을 차지하려고 발톱을 세운다.

1965년 5월, 일요일 아침이었다. 아버지는 끝없이 길었던 긴 고독의 종착역을 찾아가는 모습 같았다. 두 분을 태운 시발택시는 만리동과 서계동을 경계하는 골목을 벗어나 서울역을 향했다. 20년 만의 대구행 외출이셨다. 1년 가까이 사셨던 대구 옛 주소를 들고서…. 긴 단절은 모든 것을 바꾸었다. 거리의 모습도 사람들 옷차림도 다 옛날이 아니었다.

오랜 침묵은 모든 것이 용해되었다. 지난 잘잘못을 모두 잊게 하고, 서로를 그리워하게 하고, 마주 바라보게 했다. 형과 동생은 정에 굶주렸다. 용서는 사랑을 움트게 한다. 아버지는 가족이란 울타리를 치고 싶었고, 큰어머님은 자신의 잘못을 뉘우쳤다. 거기에는 시간이란 강물이 있었고, 정情은 끈끈한 타액이었다.

부모님은 일주일 만에 올라오셨다. 큰어머님의 고향 구룡포에서 가져왔다는 말린 오징어와 대구의 명물 홍옥도 가지고 오셨다. 한데 최고의 선물은 보름달처럼 밝은 두 분의 표정이었다. 아버지의 얼굴이 그토록 밝아 보이는 건 처음이었다.

어머니가 전하는 두 형제의 만남은 극적이었다. 그때 백부님은 큰 곡물 도매상을 하셔서 사람들에게 묻고 물어 그래도 쉽게 찾으셨단다. 형님 앞에 서서 한기욱 씨냐고 물었고, 대머리가 되어 있는 형님이 대답했단다.

"그렇습니다만, 무슨 일이십니까?"

아버지는 모자를 벗으며 공손하게 인사를 올렸단다.

"형님, 제가 기홍이입니다."

백부님은 깜짝 놀라시며 한 발짝 물러서더란다. 그리고 위아래를 훑어보더니,

"뭐라고요? 기홍~이? 당신이 정말 한기홍이라고?"

형을 바라보던 동생은 고개를 숙였다. 20년이나 정련(精鍊)된 눈물이 너무 무거워 형의 모습이 어룽졌기 때문이다. 두 형제 사이 짧은 침묵은 또 다른 20년이었다.

"어~ 어인 일이냐! 기홍아,"

"왜 이제 왔노? 몰라보겠다."

형제는 덥석 끌어 앉고 울기만 했다. 짠 눈물이 그간의 모든 일을 말했다.

그 반가움은 두 동서도 마찬가지였다. 눈물 아닌 핏물로 20년 묵힌 체증이 뚫렸다. 쌓였던 그리움은 밤새도록 불을 밝혔다. 20년의 매듭은 그렇게 풀렸다.

서른하나에 헤어지고 쉰하나에 만났지만 백모는 모자 벗은 시동생의 옛 모습이 조금 보였단다. 정말 그랬을까. 대머리 아래 붙은 머리칼은 반백이 넘고 그리고 중절모를 썼는데…. 겨울이면 머리가 시려 감기를 달고 사셨던 아버지. 저승에 가신 지 어언 38년이다.

바닷속 단풍

내 나이 삼십 초반, 사우디아라비아 제다(Jeddah)에서 2년을 살았다. 제다는 우리가 잘 알고 있는 수에즈운하를 통과하는 좁고 긴 홍해 바다의 중간 지점에 있다. 우리나라 서해처럼 얕은 바다가 아니고 수심이 매우 깊다. 큰 파도가 일지 않아 대체로 잔잔하다. 그 바다는 단 한 줌의 오수汚水도 흘러들지 않는 완전한 옥수玉水로 차 있다.

토요일이었다. 햇살은 거침없이 온몸의 땀을 증발시키고 있었다. 오후를 지나 열기가 모래 속으로 묻혀갈 시간, 함께 일하는 다섯 명이 지명도 모르는 해변으로 쉬러 갔다. 남쪽 아시르* 방향이었다. 일행 중 한 명이 그곳을 다녀온 적이 있어 안내를 맡았다. 다른 사람은 그를 따를 뿐이었다. 2주 전부터 계획을 세운 휴식이었으니 모든 장비를 철저히 준비했다. 두 사람은 스킨다이버 장비를, 세 사람은 오리발에 수경과 취사도구, 텐트, 모포 등을 준비했다.

저녁 8시쯤, 도요타승합차를 타고 시내를 벗어났다. 그곳은 고속도로가 아니고 일반 도로이지만 다니는 차량이 없어 시속 150km로 달려도 무난했다. 어쩌다 마주치는 차량이 있을 때는 속도를 절반으로 줄여 비껴가고 아무도 없는 도로에선 다시 거침없이 달렸다. 차창 안으로 들이치는 뜨거운 사막의 열기가 싫지만은 않았다. 두 시간을 그렇게 내달렸다.

그곳은 어디를 가나 지평선으로 이어진 모래사막이다. 간간이 얕은 구릉이 있으나 풀은 찾아볼 수 없다. 오히려 모래가 있는 곳에 하나둘씩 키 작은 풀이 자란다. 그렇지만 그 풀은 잎 없이 줄기만 있다. 그 풀들은 제 몸을 보호하기 위해 아주 작은 솜털 같은 가시가 촘촘히 붙어 있다. 비가 내리지 않는 곳이니 밤에 내리는 이슬을 먹고 사는 풀이다. 낙타와 양들은 그 거친 풀을 뜯어 먹고 살아간다. 그게 사막의 생태계다.

밤 10시가 넘어 목적지 바닷가에 도착했다. 칠흑의 어둠. 별빛만 쏟아지고, 땅에서는 어떤 소리도 들리지 않았다. 잔잔히 흔들리는 바다. 우리는 타고 갔던 자동차 엔진을 껐다. 바다와 사막이 우리를 에워쌌다. 잠시 모포를 바닥에 깔고 쉬기로 했다. 천지가 어둠이고 적막이었다. 숨소리까지 멈춘 듯한 세상, 별을 보고 누웠다. 별빛을 바라보는 그 황홀한 순간만은 내가 우주인이 된 것 같았다. 월남에서 군대 생활을 할 때, 벙커 위에 모포 펴고 별을 바라볼 때도 같은 생각이었을까. 다른 점이 있다면 모래사막은 모기가 없다는 것이다.

랜턴 두 개를 이용해 맨손으로 고기를 잡기 시작했다. 작은 불빛만 있어도 낙지를 거저 주워 담았다. 그 바다는 우리에게 싱싱한 먹 거리를 선물했다. 진흙이 섞인 갯가라 낙지가 서식하는 모양이었 다. 그들은 느리게 기어 다녀, 통에 주워 담는 일이 어렵지 않았다. 통 안의 낙지들은 가만있지 않았다. 여덟 개의 발을 쭉쭉 뻗으며 사방으로 기어 나왔다. 바닷물이 영양가가 많았는지 낙지는 힘이 넘쳤다. 한 사람은 통을 들고 다니며 도망자를 다시 잡아들이는 당번을 해야 했으니. 30분 만에 가정에서 쓰는 들통에 절반을 채웠다. 일행이 먹기에는 많은 양이지만 그렇다고 주워 담는 재미에 빠져 다시 놓아 준다는 것은 마음이 허락하지 않았다. 먹다 남으면 가져갈 요량으로 욕심껏 채웠다. 주워 담는 재미가 복권에 당첨된 기분이랄까. 그 짜릿한 기분을 잊을 수가 없다.

 그곳에서는 음주가 허용되지 않는다. 머리를 굴렸다. 귤을 발효시켜 만든 약간의 알코올기가 있는 음료수로 대신했다. 우리는 삶은 낙지를 먹으며, 낚시 이야기와 음식 이야기로 시간 가는 줄을 몰랐다. 새벽 한 시가 넘어가고 있었다. 날이 밝으면 새로운 세계를 볼 수 있다는 기대감에 부풀었다. 아무것도 없는 사막에서 모포 한 장으로 잠을 청했다.

 그곳 태양의 일과는 바다를 데우는 일인가. 홍해 바닷물은 차갑지 않았다. 매일같이 이글거리는 태양이 바다를 데우니.

 오전 아홉 시, 바다에 들어가면서 서로의 안전을 당부했다. 그곳에서 사고가 나면 도와줄 사람은 아무도 없다. 오로지 우리 몫이고 각자의 책임이었다. 스킨다이버 장비를 착용한 두 사람은 전문가는 아니지만 경험자들이었다. 두 사람은 서로 15m의 안전끈을 연결했다. 그들은 또 다른 안전끈으로, 50m의 거리에서 장비 없는 다른 사람이 지켜주었다. 그곳 바닷속은 절벽이 숨어 있었기 때문이다. 그러니 힘센 고기가 언제 덤벼들지 몰랐다.

　수경을 착용하고 오리발을 끼고, 숨을 쉴 수 있는 호수를 입에 단단히 물었다. 물 깊이가 가슴을 넘어서면서부터 물속은 장관을 이뤘다. 온갖 산호 사이를 산책하고 다니는 이름 모를 물고기들, 다른 색상 각양각색 무늬로 치장한 고기들이 떼를 지어 다녔다. 눈앞이 바로 자연의 수족관이었다. 관상용 어항 속인들 그렇게 화려할까. 나 홀로 물고기는 평화롭게 산호 사이를 산책하고. 산호는 산호대로, 고기는 고기대로 모든 것이 현란했다. 물이 맑으니 바닷속은 수채화처럼 선명했다.

　처음이자 마지막이 될 수도 있는 바닷속 풍경에 넋이 나갔다. 그중에서도 시선을 끈 것은 세모 모양의 물고기였다. 앞머리가 크고 꼬리는 아주 짧았다. 적으로부터 보호받기 위한 체형인 듯 싶었다. 그곳에 있는 고기들은 먼바다에 나가지 않고 산호 주변에서만 사는 것 같았다. 자연 속 애완용이었다. 그래도 그들을 포식하는 놈이 있으리라. 어디를 가나 생물의 세계에서는 약육강식의 먹이사슬이 있으니….

　가장 겁나는 놈은 바다뱀이었다. 땅 위에 사는 뱀과 똑같았으나 꼬리가 장어처럼 납작했다. 헤엄치기 좋게 진화되어 있었다. 뱀에게 독이 있는지는 알 수 없으나 가오리가 물릴까 봐 도망을 쳤다. 처음 본 바다뱀이 나도 겁이 났다.

더 무서운 것은 절벽이었다. 산호의 아름다움에 빠져 자꾸 바다 안쪽으로 들어갔다. 얼마쯤이었을까. 갑자기 산호 숲이 끊기고, 맑은 바닷물이 짙은 파란색으로 보이며 아무것도 보이지 않았다. 얼마나 깊은지 알 수도 없었다. 순간 겁이 났다. 머리를 쳐들고 해변을 바라봤더니 너무 멀리 와 있었다. 같이 있던 동료도 마찬가지였다. 무서웠다. 있는 힘을 다해 헤엄을 쳤다. 안전한 곳에 닿아서 가쁜 숨을 몰아쉬며 갔던 곳을 바라봤다. '어휴! 상어라도 만났더라면 어찌 됐을까?' 악몽에서 탈출한 기분이었다. 바다가 무섭게 느껴졌다.

스킨다이버 장비를 갖춘 두 사람은 작살로 고기를 잡아 올렸다. 많이 잡지는 못했지만 가지고 갈 양만큼은 잡았다. 생선 이름도 모르면서…. 일행은 쉬엄쉬엄 네 시간을 물속에서 보냈다.

얕은 곳에서는 조개를 찾았다. 조개는 별로 없었으나 우연히 수박 덩어리만 한 조개를 만났다. 물이 무릎까지 차는 곳이었는데, 처음에는 돌로 생각했다. 그런데 되돌아 나오는 나의 움직임에 물결이 생기자 입을 다무는 것이었다. 조개가 입을 다물지 않았더라면 돌로 생각하고 지나쳤을 테다. 조개는 많은 이끼가 붙어 분간하기 어려웠다. 두 손으로 들어 올리니 돌처럼 묵직했다. 감격해 소리쳤다.

"대왕조개다!"

"거짓말 아니냐? 돌이잖아."

"돌 같은데?"

모두 모여들었다. 요리조리 살펴도 조개 같아 보이지 않았다. 이끼를 모래로 빡빡 문질렀다.

"와아, 진짜 조개다!"

그때서야 모두가 탄성을 질렀다. 난생처음 보는 큰 조개, 꼬막처럼 생겼는데 굉장했다. 몇십 년을 살았을까. 들통에 집어넣으니 꽉 찼다. 한 시간을 끓였다. 끓이는 중에 입이 조금씩 벌어졌다. 껍데기에서 고기를 꺼내 써는데 칼감이 딱 쇠고기였다. 모두가 호기심으로 초장에 찍어 맛을 봤다. 약간 질겼지만 맛은 좋았다. 대왕조개의 발견은 내 생애에 잊지 못할 추억거리다.

가을 단풍은 아름답다. 하지만 내가 보았던 홍해와 비교할 바는 아니다. 땅 위의 낙엽은 중력에 의해 바닥에 떨어지지만 바닷속 단풍은 자유자재로 휘날렸다. 다름 아닌 물고기들이 낙엽이었다. 그곳엔 중력重力이 아닌 부력浮力만 존재한다. 홍해 바다의 체험, 그 비경祕境을 내 평생 잊을 수 없다. 언제 다시 그곳을 찾을 수 있을까. 내 삶에 아련하면서도 행복한 추억이다.

*사우디 서쪽의 한 지역 이름.

까치가 물어온 편지

어릴 때 내 고향 해남 땅끝에서의 일이다. 이른 아침에 일어나 이슬 먹은 마당을 쓸 때면 마음이 상쾌했다. 아침 마당을 쓸어보지 않은 사람은 두엄 냄새 진동하는 시골의 깊은 정서情緖를 알지 못한다. 그때 시골에는 어머니와 나보다 아홉 살 많은 누나와 내 아래로 남동생 둘이 살았다. 당시 나는 아홉 살이었지만 집에선 대장이었다. 그러다 보니 마당 쓸기는 늘 내 몫이었다. 대장이니 대장 몫을 해야 했다.

마당을 쓸다 보면 이따금 까치들이 날아왔다. 사실 우리 동네에 까치집은 없었다. 학교 가는 길에 참나무 군락지가 있었는데 까치들은 그곳에서 살았다. 집에서 산길로 나가는 담장 사이에는 아름드리 소나무가 일곱 그루 있었다. 나와 동생은 가끔 팔로 안아보면서 우리 소나무라고 자랑스러워했다. 그 소나무에 까치들이 날아와 앉곤 했다. 그도 이른 새벽에 가끔…. 그때마다 나는 아침을 짓고 있는 어머니께 말했다.

"어머니, 오늘도 까치가 와서 울어요! 아버지한테 편지 오려나봐요."

어머니는 웃는 낯으로 대답을 하셨다.

"그랬으면 좋겠다."

어머니의 대답을 듣고 나면 기분이 좋아져 마당을 더 신나게 쓸었다.

그런 날은 진짜 아버지 편지가 올 때도 있었다. 까치가 물어온 편지였다. 나는 아버지 편지를 한 번도 읽어 본 일 없이 그저 겉봉투만 보고 만족했다. 겉봉투에는 주소와 이름 모두가 한문으로 큼직하게 쓰여 있었다. 보낸 사람도 받는 사람도 아버지 이름이었다. 다른 한자는 알지 못했어도 아버지 이름만은 학교 입학하면서 익혀 알고 읽었다.

그때 우리 집에는 접시와 다른 그릇을 넣어두는 장(欌)이 있었다. 거기에 작은 서랍이 있었는데 어머니가 사용했다. 하루는 그 서랍에서 아버지 편지를 꺼내 보았다. 그런데 읽을 수가 없었다. 한글과 한자 그리고 또 이상한 글씨가 섞여 있으니 독해 불가였다. 어머니께 물어보니 일본 글이라 하셨다. 그 말을 들은 후에는 아예 읽을 생각조차 하지 않았다.

3년 전에 몸이 몹시 아팠다. 6개월간의 치료가 끝나고 회복하는 차원에서 작은 직장을 하나 구했다. 그곳은 나무가 무성해 새들이 많았다. 그중 까치 부부 한 쌍을 자세히 관찰할 수 있었다. 까치 부부의 협동심은 대단했다. 집을 짓고 새끼를 부화하고 자립할 때까지 자세히 살펴봤다. 까치도 가족 단위 생활을 한다. 가족을 이끌고 통제하는 모든 일은 수컷이 한다는 걸 알게 되었다.

모든 것을 수컷이 통제하다 보니 목소리도 유별나게 크고 털털하다는 것을 알았다. 그뿐이 아니라 수컷은 유별나게 부지런했다. 놈은 가장 일찍 일어나 높은 곳에 올라 큰 소리로 가족을 깨웠다. 깨어난 가족을 이끌고 먹이를 찾아가는 것도 수컷 몫이었다. 어쩌다 주변에 가족이 보이지 않으면 큰 소리로 찾았다.

새들이 지저귀는 것을 사람들은 운다고 한다. 한데 운다는 표현은 잘못되었다는 생각이 든다. 그들의 의사 표현을 왜 운다고 하는지. 암튼 새 중에서 의사 표현의 지저귐은 까치가 제일 잘하는 듯하다. 몇 번을 깍깍대고, 또 얼마나 길게 연속적으로 하는가에 따라 그들의 행동이 다르다. 거리에 따라 지저귐의 크기도 다르다. 내 생각으로는 다른 새들과 비교해봐도 까치가 유독 영리하고 협동심이 강한 것 같다.

까치는 몸집보다 날개가 작다. 텃새이기 때문에 장거리 비행을 하지 않는다. 많은 시간을 땅에서 보내는데 먹이를 찾기 위해서리라. 먹이는 계절별로 다르지만 땅으로 떨어진 나뭇잎이나 풀 속에 숨어 있는 벌레들을 즐겨 먹는다. 열매가 맺으면 겨울까지는 갖가지 열매를 즐겨 찾는다.

까치 녀석들은 가족의 우애도 남다르다. 먹이를 두고 쪼잔하게 싸우지 않는다. 수컷은 식구들에게 먹이를 곧잘 양보한다. 까치의 그런 내면적인 미덕이 모양까지도 아름답게 만들었을 것이다. 깃털 주위 색 조화는 또한 얼마나 멋진가. 단순한 두 가지 색이지만 가슴과 날개의 흰 부분은 참으로 멋스러운 조화다. 날고 있는 까치를 보라. 색도, 자태도 우아하다.

까치는 예부터 사람과 친숙하다. 사람 주위를 맴돌기도 한다. 특히 반가움을 전해 준다는 생각이 박혀 있다. 꼭 편지가 오지 않더라도 반가운 사람이 온다든지, 어떤 기쁨을 가져다주는 길조吉兆로 인식한다. "까치 까치 설날은 어저께고요"라는 노랫말에는 까치에게 느끼는 인간의 정이 듬뿍 배어 있다.

편지를 기다리던 시대는 지났다. 기다릴 편지가 없고, 기다릴 필요도 없다. 아무리 먼 거리도 눈 깜짝할 사이에 소식이 도착한다. 까치가 물어다줄 시간도 없이. 빨라서 좋지만 인정이 없다. 요즘은 정성껏 손으로 쓴 글은 눈 씻고 봐도 찾기 어렵다. 때로는 문명이 인간의 정을 메마르게 하는 것 같아 서글퍼진다.

지금도 까치의 아침 지저귐이 나에겐 이렇게 들린다. '반갑습니다, 반가워요.' 까치가 물어온 편지, 그 시절이 그립다.

영원한 친구 '수'

'수'의 둘째아들 결혼식에 아내와 함께 갔다. 강남에 있는 큰 호텔이었다. 식장은 하객들로 붐볐고, 그는 환하게 웃으며 나를 반겼다.
"왔구나! 고맙다."

'수'의 아내를 처음으로 봤다. 전화 통화는 몇 차례 했지만 얼굴을 마주 본 것은 그때가 처음이었다. 아내 역시 그들과는 첫 대면인 셈이었다. 친구는 내게 단단히 당부했다. 꼭 식사하고 가라고. 예전에 그의 큰아들 결혼식 때 그냥 돌아간 것을 기억하기 때문이었으리라.

원형 테이블 빈자리를 겨우 찾아 아내와 함께 앉았다. 벽면에 붙어 있는 대형스크린에서 예식하는 장면이 다 보였다. 식사하는 중에 아내가 옆 사람에게 들리지 않게 나직이 말을 흘렸다.
"생긴 것은 소도둑놈 같은데 웬 자식 복은 저리 많아."

'허허! 소도둑놈 같다고?' 하긴 그랬다. 친구는 키도 크지 않고, 그렇다고 곱상한 얼굴도 아니다. 게다가 머리카락은 약간 곱슬머리다.

한때는 앞머리에 옆은 파마를 하고 다녔다. 한마디로 좋은 인상은 아니다. 하지만 순수하고 조용한 품성의 친구다. 즐거운 일이 있을 때는 활짝 웃고, 때로는 농담도 즐긴다.

한창 일이 바쁠 때 친구의 몸에 이상이 생겼다. 그때 왼쪽 눈 시력이 많이 나빠졌다. 그로 인해 언뜻 보면 눈알이 금붕어처럼 튀어나온 듯이 보인다. 그나마 흉하게 보이지 않아 다행이다. 그와 나는 고등학교 1학년 때 짝꿍이다. 그는 1번, 나는 2번. 2학년 때는 그는 앞줄에 나는 뒷줄에 앉았다. 정말 친하게 지낸 녀석이다. 같은 촌놈으로 잊히지 않는 일이 있다. 입학하고 얼마 되지 않았을 때였다. 교실에서 어떤 물건을 두고 여럿이 함께 이야기하고 있었다. 나도 그 물건이 몹시 궁금했다. 그래서 "나도 좀 달아보자" 하며 끼었더니 '수' 친구가 소리쳤다.

"달아보자고…? 어디 저울 없냐?"

아이들이 다 웃었다. 창피해서 얼굴이 빨개졌다. 내 고향에서는 '만져보자'라는 말을 '달아보자'고 한다. 또 한번은 체육 시간이 끝나고 교실로 우르르 뛰었다. 체육복을 벗고 교복을 빨리 갈아입기 위해서였다. 3층 계단에 다 올라서는 순간, 나도 모르게 또 고향 말이 튀어나왔다.

"아이 뻗쳐!"

옆에 있던 그가 또 말꼬리를 잡았다. 무슨 뜻이냐고. 그래서 그 말은 '힘이 든다, 힘들다'라는 뜻이라고 설명을 해주었다. 그랬더니 친구가 옆구리를 쿡 찔렀다.

"야, 서울말 좀 빨리 배워라."

기분 나쁘지 않게 핀잔주던 친구. 그날부터 난 열심히 서울말을 배웠다. 벌써 54년이 훌쩍 지났다.

그는 공부를 잘했다. 하지만 가정환경이 열악했다. 고향이 영동인데 아버지는 우체국 집배원이었다. 친구는 남편 없이 자식 둘 데리고 사는 누님 집에 얹혀살았다. 형편이 그렇다 보니 스스로 학비와 생활비를 벌어야 했다. 마포의 삼류 '동도극장' 앞에서 구두닦이를 하며 고등학교를 마쳤다. '수'는 고학을 한 셈이다. 다행히 그는 그림을 잘 그렸다.

친구는 극장 앞에서 구두닦이를 한 인연으로, 또 그림에 재능이 있다는 사실로, 학교를 졸업하고 그 극장에서 영화 간판 그리는 일을 하게 되었다. 처음은 조수로 일을 시작했지만 얼마 되지 않아 혼자서 그림을 그렸다.

그의 성격은 잔잔한 호수처럼 온화해서 삶을 잘 헤쳐 나갔다. 내가 월남 전선에 있을 때, 그에게서 편지가 왔다. 딸을 낳았다는 소식이었다. 그 이전에 어떤 여고생이 자기를 좋아해서 만나고 있다는 이야기를 한 일이 있다. 그녀와 동거를 한 건지 결혼을 한 건지 모르겠으나 그때 스물 서넛 되지 않았을까. 나는 외롭지 않아 좋을 거라고 답장했다.

'수'는 독자라는 사실로 병역 의무를 면제받았다. 내가 군대 제대하고 그를 보려고 극장에 갔다. 그런데 친구가 없었다. 어디로 갔는지 알 수 없어 연락이 끊겼다. 그 이후에 때때로 그가 생각났다. 수시로 생각나는 사이, 그게 바로 친구 아닌가.

친구 누님은 마포 도화동 개천 주변 무허가 판자촌에 살았다. 일요일이면 그는 골방에서 기타 치고 노래 부르고 바둑을 두곤 했다. 그때 우리는 다섯 명의 친구가 가끔 어울렸다. 성격이 차분한 아이들이었다. 그러던 그가 사라졌다. 나도 서울을 떠났다. 지방으로 국외로 10여 년이 넘은 세월을 떠돌이 생활로 보냈다. 그러다 보니 친구들 소식을 알 수 없었다.

강남 간 제비가 이듬해 살았던 집으로 돌아오듯이, 나는 제2의 고향 신림동에 다시 둥지를 틀었다. 불혹이 막 넘어서였다. 그러던 어느 날 '수'를 찾고 싶었다. 예전에 살던 집 주변에 살고 있으리라 믿었다. 전화번호 책을 뒤졌다. 이름을 찾고 옛날 살았던 곳을 중심으로 같은 이름 열 명을 선택했다. 틀림없이 '이놈일 것'이라는 생각으로 북아현동에 주소를 가진 번호를 돌렸다. 전화 신호음 소리가 유난히 길게 느껴졌다. 만날 수 있다는 기대감이 컸기 때문이었을까. 한참 만에 받는 전화 속에서 아주머니 목소리가 차분하게 들렸다.

"혹시 영동××리가 고향인 ○○○ 씨 댁입니까?"

"맞습니다."

"반갑습니다. 친구 한경화라고 하는데, 제 이름 들어 보셨어요?"

인구 천만이 넘는 서울이 넓다고 해도 그런 걸 보면 참으로 좁다.

단 한 통화의 전화로 친구를 찾았다. 전화 받은 그녀는 나의 이름을 가끔 들었다고 했다. 며칠 후, 그와 나는 이민을 준비하고 있다는 다른 친구 집에서 만났다. 세월은 벌써 우리를 중년으로 옮겨 놓았다.

'수'는 그동안 건축 설계회사에서 설계도를 보고 투시도를 그리는 일을 하고 있었다. 내가 월남 전선에 있을 때 낳았던 딸은 E여대 영문학과를 졸업하고 시사영어사에서 번역하는 일을 하고 있다고 했다.

친구를 처음 만난 지 반세기가 넘었다. 그래도 우리는 여전히 현역이다. 그는 딸이 졸업한 여고에서 경비 책임자로 일하고 있다. 처음에는 학교 선생님들이 냉정한 모습이었는데, 지금은 다정히 대한다고 한다. 그가 성실한 이유도 있지만 자식들 덕이다.

우리나라 최고의 대학을 차석으로 입학하고 지금은 로펌에서 일하는 큰아들. Y의대를 졸업하고 전문의가 되어 있는 작은아들. 그리고 딸. 아내 말처럼 자식 복이 넘친다. 외모도 제 아비보다 훤칠하고 잘생겼다. 그런 그에게도 시린 아픔이 있다. 병상에서 최선의 인술仁術을 베풀던 둘째아들이 폐암으로 몇 년 전 생을 마감했다. 한창나이 서른여덟, 만개한 꽃이 간밤에 땅으로 진 것이다. 그는 한없이 슬픈 두견새가 되었으나 지금은 삶이 다 그런 거라고 타고난 천성처럼 다시 평온을 되찾았다. 수시로 안부 전화하는 '수', 그는 영원한 나의 친구다.

'수'를 보면 도종환 시인의 〈흔들리며 피는 꽃〉이 생각난다.

"흔들리지 않고 피는 꽃이 어디 있으랴/ … / 젖지 않고 가는 삶이 어디 있으랴"

  삶은 흔들리며 피고, 비 맞으며 걸어간다. 친구 '수'야. 우리도 그렇게 여기까지 왔으니 남은 길도 함께 걸어가자.

내장 들여다보기

　병원을 다녀온 후 생각해 보았다. 기계가 아무리 발달해도 인체의 감각까지는 찍을 수 없다는 것을…. 아무리 통증이 심해도 영상화면으로는 이상이 없으니. 어떤 말로도 표현할 수 없는 아픔. 큰 징을 쳤을 때 들리는 중간 부분, 그 저음의 울림처럼 느껴지는 통증이 압박해온다. 아무튼 기계는 그런 감정까지는 찾아내지 못했다.
　내가 처음으로 위내시경 검사를 받은 것은 나이 40 중반일 때였다. 얼추 17년 사이에 네 번째 검사를 받은 셈이다.
　10월 13일 10시, 안양 시내에 있는 '안양 속편한내과'에서였다. 그 병원은 위·대장 내시경 전문병원이다. 예약 시간에 맞춰 병원으로 갔다. 진료받을 사람은 그리 많지 않았다. 서류상의 절차를 끝내고 2층 진찰실로 올라갔다. 병원에서 주는 가운을 입고, 간호사에게 주사 한 대를 맞았다. 그 주사는 진정제가 아닐까 생각했다. 또 적은 양의 약물도 마시게 했다. 물약은 내시경 호스가 들어갈 때 거부

반응을 줄인다고 했다. 그리고 목젖을 마취시키는 스프레이 약을 목 안에 약간 뿌렸다. 이제 차례만 기다리면 되었다.

처음으로 내시경 검사를 받을 때였다. 신경을 쓰면 위胃의 왼쪽이 심하게 아팠다. 병원에서 3개월 분량의 약을 받아온 내게 아내가 어떤 상태냐고 물었다. 아내가 내게 어떤 관심을 두고 있나 알고 싶어 시치미를 뚝 떼고 거짓말을 했다.

"위암 초기라더라."

아내의 눈이 휘둥그레졌지만 심각하게 받아들이는 내색은 아니었다. 평소 나의 장난질을 잘 아는 때문이리라. 그래도 아내는 은근히 걱정을 한 것 같았다. 일주일쯤 지났을까. 아내가 내 면전에 쏘아댔다.

"웬 거짓말을 그렇게 해! 위염인 것 가지고 암이라고 하면 내가 속을까 봐?"

"뭐, 위염이나 위암이나 그게 그거지. 염증이 발전하면 암이 되는 것 아니야?"

아내는 내가 위암 초기라고 거짓말한 다음 날, 보라매병원 내과에서 내 이름으로 진료 신청을 하고 병세를 알아보았다. 짓궂은 거짓말이 뽀록나고 말았다. 의사는 걱정하지 않아도 된다고 했다. 약으로 치료가 된다고. 그런 이후 병원을 자주 찾았고 내시경 검사를 몇 차례 더 받았다.

내시경 검사를 하지 않아 저승에 먼저 간 친구가 있다. 최근의 일이다. 아주 가까운 친구다. 이 글을 쓰기 닷새 전만 해도 살아 있던 친구였다. 나무랄 데 없이 건강했던 친구. 그런 그가 갑자기 저승으로 간 건 자신의 건강을 너무 믿어서였을까. 어떤 이유보다 내장 들여다보기를 하지 않아서였다.

한동안 전화가 없었다. 우린 자주 어울리던 사이였는데, 궁금해서 내가 전화를 했다. 친구는 최근에 대변 보기가 힘들어 병원을 찾았다고 했다. 각종 검사가 이뤄졌고 대장 내시경 검사를 했다. 검사 결과는 절망적이었다. 대장암 말기라는 통보를 받고, 수술할 수도 없는 지경에 이르렀다고 했다. 더구나 모든 장기까지 암이 퍼졌다는 게 전문의의 진단이었다. 그래도 의사는 항암 주사약 치료를 해보자고 했단다.

그가 저승 가기 열흘 전에 전화로 친구의 말을 들었다. 항암 주사를 맞아도 견딜 만하다고. 다른 사람들은 항암 주사를 맞으면 굉장히 고통스러워한다는데 친구는 괜찮다고 했다.

그는 입원과 퇴원을 반복했고, 결국 처음 병원을 찾은 지 20여 일이 조금 지나 세상을 떠났다. 나는 친구가 유명幽明을 달리하기 닷새 전에 병문안을 갔다. 얼굴이 형편없이 말라 있었으나, 그래도 나를 보고 반가워했다. 그랬던 친구는 닷새 뒤에 저승으로 가 버렸다. 애석했지만 한편으론 그나마 다행이라는 생각이 들었다. 고통받지 않고 별나라로 갔으니까. 그와 이별한 뒤에도 친구가 평소에 '내장 들여다보기'를 자주 했더라면 하는 아쉬움이 가슴을 떠나지 않았다.

이번 검사는 12년 만에 다시 받은 것이다. 3년 전부터 순간적으로 왼쪽 가슴이 쥐어짜듯 아팠다. 서너 달을 참다가 한 내과 병원을 찾았다. 그곳에 있던 의사는 큰 병원으로 가서 정밀 검사를 받아보라고 권했다. 그러면서 증상대로라면 심부전증일 가능성이 크다고 했다. 아직 심장에 이상이 있다는 느낌이 든 적은 없었는데…. 등산도 잘하고 달리기도 잘하지 않는가. 믿어지지 않았으나 걱정스럽기는 했다.

 정밀 검사를 받기 위해 예전에 다녔던 보라매병원을 찾았다. 심장 전문의 검사 결과는 이상이 없다는 결론이었다. 식도에 이상이 생겨도 그런 증상이 나타난다고 했다. 소화기내과로 옮겼다. 5개월간 약을 먹고 결과를 확인하기 위해 다시 검사를 받았다. 검사 결과는 별 이상이 없단다. 다만, 위벽이 얇아졌으니 맵고 짠 음식을 줄이고 커피도 적당히 마시라고 했다. 내장 들여다보기의 시원함. 내 눈으로 확인한 컴퓨터 화면. 이제는 의사의 권유대로 음식을 조절해야겠다.

 누구나 아프지 않고 살기를 원한다. 하지만 복잡한 세상살이의 스트레스가 병을 부른다. 많은 사람이 좁은 공간에서 부대끼는 세상. 그곳에 어찌 스트레스가 없으랴. 나도 이제 조금은 느긋하게 살아봐야겠다. 건강을 잃고 세상을 얻은들 그게 무슨 소용이리. 하나 더. 앞으론 내장도 좀더 자주 들여다봐야겠다. 설령 감각은 못 찍더라도.

서당개 3년

"서당개 삼 년이면 풍월을 읊는다."

나도 우리네 속담처럼 이제 풍월을 읊을 수 있을까. 그러면 좋으련만 아직 멀었다. 옆에 있는 글동무들은 감성이 풍부하고 재능도 있어 보인다. 잘 써온 글로 칭찬을 받기도 한다. 또 어떤 동무는 잘못된 부분을 콕 잘도 찍어낸다. 그런데 나는 뭔가. 이것도 저것도 제대로 못하는 당구(堂狗)라는 생각이 든다.

글쓰기 공부를 시작한 지 어영부영 3년이 되어간다. 오늘도 대학의 문예창작 강의실로 가기 위해 언덕을 내려선다. 길은 폭신한 보도블록이 알록달록 깔려 있고 학교가 모두 내려다보인다. 건물들보다 어린나무들은 학교가 오래되지 않았다는 것을 그대로 보여준다. 이미 체육관 주변의 벚나무들은 단풍으로 치장하기 시작했다. 교육대학이니 선생님이 되겠다는 학생들 마음처럼 예쁘게 채색되리라. 벌써 이 캠퍼스에서 세 번째 맞는 가을이다.

3년 전, 이 나무들이 나목에서 새 옷으로 갈아입기 시작할 때, 설레는 가슴을 안고 교정을 찾았다. 솔직히 그때는 두려운 마음이 앞섰다. '할 수 있을까. 도중에 그만두는 일은 없을까.' 이런저런 버거운 마음의 짐을 지고 학교에 다니기 시작했다.

　　그동안 채찍도 많이 받았다. 때로는 홍당무가 되기도 하고, 어느땐 쥐구멍을 찾고 싶기도 했다. 그러면서도 지금껏 책상 하나 차지하고 버티기를 하고 있다. 아마 교수님은 날더러 신기한 놈이라고 생각하실 것이다. '저놈이 나가떨어져도 진작 떨어졌을 텐데 용케도 버티고 있구나!' 하고.

　　언젠가 "오기로 하는 것 같다. 한문은 잘 알지도 못하면서 한자 용어를 많이 쓴다."는 말을 들었을 때는 얼굴이 순간 새빨간 단풍이 되었다. 때로는 박쥐가 되어 어두운 곳으로 숨고 싶었다. 가만 생각하면 나도 참 뻔뻔한 놈이다. 어떤 이들 같으면 가방 들고 진즉 나갔으리라. 다음 날부터 슬그머니 나오지 않았을 것이다. 그런데도 난 지금껏 가부좌를 틀고 앉아 있다. 솔직히 고백하면 그네 위에 앉아 있는 좌불안석이다. 무엇이 이렇게 날 버티게 하는 걸까. 오기와 도전이다. 난 오기가 있는 놈이다. 무엇이든 한 번 붙들면 끝장을 보는 성격이다. 그렇기에 여성들만 가득한 이 교실에 남자 혼자 있는 것이 아닐까.

　　벌써 3년, 그동안 참 많이 배웠다. 그런데 이론상으로는 이해가 된다지만 실전에선 아직 역량이 턱없이 부족하다. 그 때문에 글마다 지적을 받는다. 이 또한 스트레스다. 지적을 덜 받고 '초보 글쟁이'라는 말이라도 들을 수 있으면 좋겠다. 그날이 언제쯤일까. 아니, 그런 날이 오기는 할까. 아직 더 배워야 하고 수많은 습작이 필요하다는 것도 안다. 그렇다 보니 요즘은 좀 무력해진다. 마음은 쓰고 싶지만 글이 되지 않는다. 무엇을 어떻게 써야 할 것인지 감각마저 무뎌진다.

슬럼프인가. 내게도 슬럼프가 왔나 보다. 해찰을 부리고 싶다.

초등학교 3학년 오후반 때였다. 큰 동네 친구와 학교에 가다 말고 20리 떨어져 있는 외갓집으로 갔다. 친구도 나와 같은 방향에 외갓집이 있었다. 우린 책 보따리를 옆에 끼고 신작로를 따라 무작정 걸었다. 수시로 만나는 자동차 먼지를 뒤집어쓰면서…. 그 당시 20리 길은 어린아이들에게는 짧은 거리가 아니다. 외갓집에 가서 칭찬도 못 듣고, 다음 날 일찍 집으로 돌아왔다.

어머니는 아들이 없어졌으니 걱정으로 잠을 설쳤을 게 뻔했다. 나를 보는 순간 화난 얼굴이 역력했다. 그래도 야단을 맞지 않았다. 정말 다행이었다. 단지 "공부하기 싫어서 그랬냐?" 하고 물었을 뿐이다. 그냥 가고 싶었다고 했다. 그랬더니 어머니는 아무 말이 없으시다가 갑자기 아궁이에 불을 지피셨다.

"공부하기 싫어 그랬나 보다. 그럼 책을 태워버리자!"

어머니는 책 보따리를 아궁이에 넣으려는 기세였다. 난 기겁을 하고 책 보따리를 낚아챘다. 어머니가 고함을 쳤다.

"이놈아, 공부하기 싫으면 농사꾼이 되어야 한다. 그런데 너는 빼빼해서 농사꾼이 되기도 어려워. 지게질도 잘할 수 없잖아."

  요즘 어머니의 역성이 귓속에서 앵앵거린다. 오기도 도전도 다잡아야겠는데 마음뿐이다. 몇 줄 쓰고, 몇 페이지 겨우 읽고 내던지고 만다. 산만한 마음이 내 의지를 꺾고 있다. 이래선 안 된다고 입속으로만 웅얼거리기 일쑤다.

  지난 금요일 강의 때 내게 어떤 쇼크가 일었다. 강한 스파크가 튕겨 내게 불을 지필 수 있는 계기를 주는 이가 있었다. 교실의 맨 뒷자리 귀퉁이, 출입문에 가장 가까운 자리가 그의 자리다. 두 학기째 강의를 듣고 있지만 글솜씨가 만만치 않다. 처음 써낸 글부터 잘 쓴다는 느낌을 받았다. 원래 바탕이 있었다지만 두 학기째 글솜씨는 '질풍처럼 내달린다'고 표현하고 싶다. 승승장구하는구나. 그 글은 다른 문우가 낭독했다. 낭독이 끝나자 선생님은 만면에 웃음을 지으셨다. 더없이 흐뭇하셨으리라. 이 글방에 애제자가 생겨날 수 있다는 기대감으로….

  나는 적잖은 충격을 받았다. '너는 그동안 뭐 했냐'고 자책했다. 함께하는 모든 문우가 내게 원 펀치, 투 펀치 날려 주기를 바랐다. 선의의 경쟁으로 서로 잘쓰는 글쟁이가 된다면 얼마나 좋겠는가. 하긴 제대로 된 시인이 되려면 10년은 습작을 해야 한다는 소리를 들었다. 제대로 된 글, 남들이 다시 읽고 싶은 글, 석류처럼 알맹이가 가득한 글을 쓰자. 풍선처럼 거죽만 부푼 글보다 깊이가 있는 글을 쓰자. 어느 평론가가 그랬다. "예술이 되는 글, 즉 지성과 새로움이 가득한 탄환을 장전하라."라고. 그렇지 못한 글은 아무리 쏴대 봐야 참새도 놀라지 않는다고. 그렇다. 서당개 3년으론 어림없다. 시간을 더 보태더라도 영혼이 있는 글, 나만의 글, 깊이가 있는 글을 쓰자. 그래, 다시 한번 몸부림을 치자. 서당개 3년으로 안 되면 서당개 10년으로라도 꿈을 이루자. 오기의 내가 아닌가. 시작했으니 끝을 보자.

참새의 일가친척

참새도 일가친척이 있다.

무슨 말이 그리도 많을까. 쉴 새 없이 지저귀는 참새들은 꼭 사춘기 10대 소녀들이다. 저녁 잠자리에 든 참새들의 재잘거림을 들어보자. 그 풍경은 어린 소녀들이 여행을 떠나기 전 설레는 모습과 똑같다. 그들은 오늘 자기들 주변에 무엇이 있고, 무엇을 보았는지 재잘거릴 것이다. 어린 새끼들은 엄마 아빠 옆에 앉겠다고 투정도 할 것이고. 또 오늘은 어디에 맛있는 것이 있었고, 내일은 어디로 갔으면 좋겠다고 서로 얘기를 나눌 것이다. 그리고 잠자는 시간만은 바람이 불지 않았으면 좋겠다는 간절한 소원도 빌 테고.

그들은 잠자리로 나뭇잎이 빽빽이 우거진 곳을 좋아한다. 몸을 감추기 좋은 좁은 곳, 바람이 세게 불어도 흔들림이 덜한 곳, 큰 새들이 날아들기 어려운 나뭇가지가 촘촘한 곳, 그런 곳이 그들이 좋아하는 보금자리다.

나는 출근하면서 학교 담장과 아파트 담장을 따라 큰길로 걷는다. 대체로 그런 곳은 나무들이 많다. 참새들은 그곳에서 쉬고 또 잠자리까지 해결한다. 생활의 아지트인 셈이다.

여름의 초입인 5월 하순의 어느 날이다. 플라타너스 가로수가 넓은 잎을 다 드러냈을 때 우연히 버스 정거장에 있었다.

참새 두 마리가 날아와 플라타너스에 앉았다. 가만 보니 한 마리는 날갯짓이 아무래도 서툴렀다. 어미 참새와 새끼 참새였다. 새끼에게 먹이 찾는 법을 가르치려고 데리고 나온 듯싶었다. 하필이면 복잡한 도로라니. 더구나 버스 정거장에서의 교육은 확실한 어미의 잘못이었다. 아니, 초짜 엄마의 과욕이었다. 경험이 부족한 초보 어미는 평소 교육할 장소를 염두에 두지 않았다.

그래도 어미는 가로수 아래 흙이 있는 곳에 먹이가 있다는 것쯤은 알고 있다. 먼저 흙바닥에 내려와 먹이를 찾는 흉내를 낸다. 그러면서 새끼에게 내려오라고 짹짹거린다. 서툰 날갯짓으로 겨우 바닥에 앉는 순간, 버스가 왔다. 어미는 급히 나무 위로 오르고, 아기도 어렵사리 따라 올랐다. 버스가 떠나고 어미는 다시 흙바닥에 내려앉았다. 새끼에게 다시 내려오라는 재촉이었다. 그런데 그만, 새끼는 버스가 다니는 아스팔트에 내려앉고 말았다. 어미에게 도와달라고 요청하지만 위기의 순간은 스스로가 처신해야 하는 법. 뜀뛰기도 서툴고 날갯짓도 서툰 아기는 당황했다. 당황하면 몸이 더 굳는 법. 아뿔싸, 마침 달려온 버스는 어린 참새를 보지 못했다. 보았다 한들 버스

기사는 참새가 날아가리라고 생각하지 그곳에 가만있으리라 생각하겠는가. 또 어린 새라고 짐작하겠는가.

아기 참새는 그만 버스 오른쪽 앞바퀴에 깔리고 말았다. 가로수에 올라 있던 어미는 그 순간을 보지 못했다. 이제는 돌아올 수 없는 길. 어디 있느냐고 애탈 뿐이다. 버스는 떠나고 자그만 사체는 별로 표도 나지 않았다. 한 모금 핏자국과 새털만이 바닥에 붙어 있어 사람의 눈으로도 분간하기가 어려웠다. 어미는 혼자서 새끼를 찾겠다고 오르락내리락. 나무 아래와 주변을 빙빙 돌면서도 아기의 사체를 보지 못한 듯했다. 10여 분을 혼자 그렇게 찾았다. 그러다 그만 어디론가 날아갔다. 포기하고 떠나는 날갯짓이었다.

잠시 후 어미가 다시 나타났다. 10여 마리의 다른 참새들도 따라왔다. 그들은 모두가 형제거나 일가친척들이다 싶었다. 모두 짹짹거리며 분주히 움직였다. 위로 아래로 찾느냐고 야단이었다. 그러다가는 나무 위에 앉아 회의도 했다. 이제는 조금 멀리까지 날아다니며 찾았다. 아스팔트에 붙어 있는 사체를 아직 보지 못했다. 그들은 헛수고를 하고 있었다. 그러나 그들이 하는 모습은 사람들과 똑 닮았다. 갑자기 사라진 어린 자식을 찾기 위해 애쓰는 참새들이 안타까웠다. 어미 새도 사람처럼 모정이 있고, 슬픔을 담는 가슴이 있다. 그 형제와 친척들은 새끼 잃은 참새를 어떻게 위로할까.

떼로 움직이며 살아가는 작은 새. 인간은 이해하기 어렵지만 그들만이 소통하는 나름의 언어. 인간의 말속에 정이 있듯, 참새의 말에도 정이 있을 것이다. 우연히 목격한 일은 나에게 하나를 일깨웠다. 그건 참새들에게도 피는 진하다는 사실이다. 세상사 살아 숨쉬는 모든 것들은 인간의 축소판이다.

고향 가는 추억 열차

　이메일로 보내온 몇 장의 사진을 보며 눈시울이 붉어졌다.
　섬 하나 보이지 않는 바닷가에서 낚싯줄을 내던지고 활짝 웃으면서 팔뚝만 한 두 마리의 고기를 가리키는 사람. 번잡한 길에서라면 누군지 모르고 지나칠 사람이다. 그는 완전한 대머리다. 긴 세월이 풍성한 머리숲을 그렇게 바꿔놨다.
　인천공항 입국장에 사진의 주인공이 온다. 25년 만의 만남이다. 어릴 때의 정을 흩뜨리지 않으리라 다짐하지만 모를 일이다. 세월이 그리 흘렀으니.
　둘의 포옹은 한마디로 희열이었다. 어떤 말도 할 수가 없었다. 그동안의 그리움이 왈칵 쏟아질 것만 같아서…. 고생 많았다며 등을 토닥이는데 끝내 눈시울에 이슬이 맺혔다. 잠시, 그동안의 흔적을 느껴보기 위해 손을 잡았다. 아직 힘이 넘쳤다. 이런 힘이 있기에 그 긴 고생을 묵묵히 견뎌낸 것인가. 함께 카트를 밀고 주차장을 찾앉다.

그리운 조국, 그토록 보고 싶었던 가족. 누구나 외국에 나가면 애국자가 된다고 하지 않던가. 나 역시 6년여의 세월을 외국에서 생활해 그 심정을 나름 가늠할 수 있다. 그래도 나는 1년에 한 번씩 휴가를 내어 들어 왔지만 아우는 이민한 경우다. 나와는 사정이 전혀 다르다. 아우가 그렇게 그리워하던 조국의 발전상을 보여주기 위해 인천대교를 택했다.

"아우야, TV로만 보았을 인천대교로 갈 거야."

"나도 대교가 개통되는 뉴스를 보고 꿈속에서 달렸어!"

비행기는 8시에 도착했지만 짐을 찾고 입국 절차를 밟다 보니 시간은 9시가 훨씬 넘었다. 밤바다 위를 달릴 때 송도는 어떤 모습으로 비칠까. 그런 생각을 하며 대교 요금소로 들어서니, 멀리 대교의 주탑 네온 불빛이 눈에 들어왔다. 대교 난간 사이로 보이는 검은빛 바다는 아우를 반기는 듯 잔잔한 파도가 일렁거렸다. 두 쌍의 주탑을 지나고 이윽고 송도 신도시의 우람한 동북아무역센터, 고층빌딩, 아파트들이 우리를 맞이했다. 예전의 갯벌이 저토록 웅장한 도시가 생겨난 것을 보면서 아우는 연신 놀랐다.

나라 안에 살면서도 우리의 발전상을 보면 자랑스러울 때가 많다. 그 이면에는 또 다른 부작용과 감추고 싶은 것도 있지만…. 전쟁으로 초토화된 지 65년 만에 우리는 세계 일류국가의 반열에 들어섰다. 스마트폰 세계 1위, 조선 건조 부분 1위, 자동차는 세계 5위라고 하지 않는가. 국민소득 3만 불 시대에 무역 강대국. 어찌 자랑스럽지 아니한가. 어찌 보면 나도 '한강의 기적'을 일군 주체다. 월남전에 참전했고, 중동에서 달러벌이를 6년이나 했으니.

아우는 평소에 전화할 때면 조국이 부강해지니 자신이 부자가 된 느낌이라고 했다. 온갖 민족들이 어울려 사는 뉴욕에서, 이제는 어깨를 당당히 펴고 코리언이라고 말할 수 있는 자부심도 생겼단다.

여장을 풀고 이틀이 지난 아침이었다.

"형, 고향 한번 가봅시다. 어렵고 힘들 때면 고향 생각이 꼭 나더라니까."

그렇지 않아도 함께 갈 생각이었다. 고향은 어머니의 자궁이다. 모든 시름을 내려놓고 잠시 쉴 수 있는 곳. 어찌 고향을 보고 싶지 않을까. 아우는 초등학교 졸업하고 고향을 떠났다. 꼭 반세기의 세월이 흘렀다. 사나흘 쉬고 갈 예정이었으나 당장 떠날 채비를 했다.

오래된 간장이 진간장이 되어 특별한 맛을 내듯 마음속에 묻혀 있는 옛일은 생각만해도 즐겁다. 하지만 개발의 바람은 그 먼 땅끝이 가까운 마을까지 들쑤셔놓았다. 고향 마을이 통째로 없어졌다. 신작로를 따라 일렬횡대로, 일곱 집이 나란히 어깨를 맞대고 있었는데…. 옛 모습은 어디에서도 찾을 수가 없다. 들녘 일부분도 잘려 나가 고속화도로가 깔려 있었다. 어른의 키보다 더 높게 깔아놓은 새로운 길. 어느 길이 예전의 농삿길인지, 어느 길이 예전의 골목길인지 분간조차 어렵다. 아무리 둘러봐도 낯선 풍경뿐이다. 고향은 그저 들녘의 한 가장자리에 불과했다. 숨가쁜 자동차들만 쌩쌩 지나갔다.

허허로운 마음에 집이 있던 뒷산을 바라보았다. 그래도 두 개의 큰 고인돌만은 온전하게 버티고 있었다. 어린 마음에도 이 큰 바위들을 어디서 어떻게 끌고 왔을까, 무던히도 궁금했던 너럭바위 두 개. 그곳은 우리의 놀이터였다. 들녘을 바라보고 꿈을 키우기도 했던 곳이다. 넋을 잃고 이곳저곳 둘러보던 아우가 은은한 미소를 지었다.

"형! 우리 산에서 구루마* 많이 탔지. 저 너럭바위 있는 곳은 정거장이었잖아."

그랬다. 우리 손으로 만든 구루마. 통나무 바퀴를 얻기 위해 동네 제일가는 부잣집 머슴에게 매형이라 부르며 잘라와 만든 바퀴는 소중한 자산 목록이었다. 산 중턱에서 너럭바위까지, 그곳에서 우리 집 장독이 있는 언덕 위까지 운행했다. 산 주인 영감님은 산을 헐벗긴다고, 어머니는 신발이 닳는다고 야단이었다. 그 야단은 소귀에 경 읽기였다. 구루마 타기는 전율과도 같았다. 놀이 중 으뜸이었다. 양쪽 발의 고무신은 브레이크 역할을 단단히 했고, 신발창은 당연히 많이 닳았다. 그래도 마냥 즐거웠다.

삶은 계절 따라 분주히 움직였고, 마주 보이는 들녘 끝 소나무밭은 두루미들의 천국이었다. 언제나 머리를 절레절레 흔들고 다니셨던 현선이네 할머니, 맑은 한낮에도 비가 올 거라고 파란 대나무 비닐우산을 쓰고 다니던 칠뜨기. 정신이 오락가락했던 성녀는 큰 마을에서 가장 똑똑해 대학을 다니는 용식이 형에게 시집갈 거라고 떠벌리고 다녔다. 그녀는 맨발에 단발머리를 하고 검정 긴치마만 입고 다녔다. 해 질 녘이면 감청색 치마 폴짝이며 버스에서 내린 애초와 애님이. 그녀들은 중학생 고등학생이라고 몹시 뽐냈다. 옆집 덕윤이네는 구시리로 이사 가고, 새로 이사 온 혜영이는 눈이 커서 정말 예뻤다. 그녀는 남자애들 동심을 마구 흔들었다.

전기가 없던 그 시절. 달과 인연은 많았다. 초가을 달빛은 유달리 크고 밝았다. 송찬호 시인은 "달은 바라만 보아도 부풀어 오르는 추억의 반죽 덩어리"라 하지 않았는가. 그랬다. 해마다 정월 보름에는 뜻도 의미도 모르고 불놀이를 한다고 짚더미를 태웠다. 그저 마을의 귀신을 쫓는다고 꼬맹이들은 밤새 불을 피워댔다. 벼 베고 난 논바닥에서 새끼 꼬아 만든 공을 해가 질 때까지 차고, 겨울이면 추운 줄도 모르고 썰매를 탔다. 무더운 여름밤의 자연 음악회 연주자들은 어디로 갔는지. 차가운 별빛이 들어서야 집으로 기어들던 유년. 우리는 그런 추억 반죽을 가지고 고향을 떠났다. 반세기의 세월이 지나 지구의 뒤편 뉴욕에서 돌아온 연어는 없어진 고향을 못내 아쉬워했다. 그래도 고향 가는 추억 열차는 여전히 설렘을 뿜뿜 울려댄다.

* 썰매처럼 만들어 아래에 통나무 바퀴 네 개를 매단 것.

꿈에 본 아버지

시골집은 사립문이 있었다. 아버지는 사립문 밖에 와 계셨고, 안방 앞에 서 있던 나는 들어오시라고 했다. 그러나 아버지는 들어오지 않으셨다.

"왜 안 들어오세요?"

"네 어머니 데리러 왔다."

어머니는 깊은 병중이었고 곧 이승을 떠날 상태였다. 오늘일까? 내일일까? 촌각을 다투는 위중함. 자식들은 교대로 어머니 곁을 지키고 있었다.

아버지는 다른 말은 더하지 않고 그저 서 있기만 하셨다. 정신이 번쩍 들었다. 꿈이었다.

죽은 사람은 꿈에서도 말을 하지 않는다고 한다. 그런데 아버지는 분명하게 말씀하셨다. 그 이후 다시는 아버지 꿈을 꾸지 않았다.

그 밤 이후, 나를 위해줬던 아버지의 사랑이 새록새록 묻어났다.

유년기의 예민했던 말초신경마다 당신의 모든 모습이 빠뜨리지 않고 저장되어 있다. 그 저장된 파일을 하나둘 들춰보면 그저 감사한 마음이 든다. 아버지가 기대한 대로 자식이 인생을 제대로 살지 못해 죄송하긴 하지만….

자식들 중에서 나는 '아픈 손가락'이었다. 젖을 못 먹고 자란 탓인지 항시 약골이었다. 그러다 보니 어머니 아버지께 난 가시 같은 존재였고 애증은 더했을 것이다.

후회는 늘 뒤에 온다고 했던가. 살면서 아버지께 맛있는 식사 한 끼 제대로 사드리지 못한 것이 늘 가슴에 박혀 있다. 그러면서도 난 여전히 불효자다. 좋은 일이 생길 땐 아버지 생각이 뒷전이고, 궂은 일이 있을 때는 아버지 생각이 먼저 나니 나는 아버지를 닮았다. 성격은 물론이고 생활하는 방식이 그 아비에 그 아들이다. 그렇다. 아버지는 나의 거울이었으니, 보고 배운 것을 그대로 복사하고 있는지도 모른다. 아버지는 말수가 적으셨다. 성격은 좀 급한 편이었지만. 그래서였을까. 어떤 일이든 미루는 법이 없었다. 자식들을 대할 때면 언제나 부처 같은 편한 미소를 잃지 않았고, 잠자는 얼굴에도 미소를 얹고 주무셨다. 어쩌다가 약주를 하고 기분이 좋으면 그동안 쌓아둔 자식들의 잘못을 지적하곤 하셨다. 그래봐야 그 훈계는 고작 일 년에 한두 차례였다. 그때마다 우리 형제들은 무릎을 꿇고 아버지 말씀이 끝나기를 기다렸다.

세월이 흘러 내가 고등학생이 되면서부터는 편한 양반 자세로 앉게 했던 당신. 어느 틈에 당신은 우리들의 의견을 들어주시는 자상한 분으로 변해 있었다. 사랑의 조각들을 은연중에 자식들에게 내보이곤 했다.

나는 고등학교 일 학년 겨울부터 살코기를 먹기 시작했다. 허약한 체질인 나는 언제나 음식을 가려먹었다. 비린 음식도, 짐승 고기도 먹지 않았다. 안 먹는 게 아니라 먹을 수가 없었다. 짐승의 고기를 먹으면 온몸에 두드러기가 났기 때문이다. 그 두드러기는 참을 수 없을 만큼 가려웠다. 심할 때는 고기 냄새만 맡아도 두드러기가 날 정도였다. 동네서 돼지를 잡을 때, 고기를 사 와서 끓이는 날은 냄새가 코를 찔렀다. 그때마다 어머니는 참기름을 넣어 비빔밥을 해주셨다. 식구들이 고깃국을 먹을 때 나는 비빔밥을 들고 사립문 밖으로 나와 근처 큰 돌 위에서 혼자 밥을 먹었다.

내가 먹는 음식은 오로지 흙에서 나오는 뿌리와 열매였다. 단 한 가지, 바다에서 생산되는 김은 즐겨 먹었다. 부모님은 그런 나를 안쓰러워했다. 아버지는 내게 고기를 먹이려고 무진 애를 쓰셨다. 살코기만을 아주 조금씩 새우젓과 김치로 싸서 먹게 했던 아버지. 보쌈이란 음식은 고등학교 일 학년 겨울에 처음 먹었다.

고등학교 2학년 여름방학 때, 아버지와 함께 어떤 식당에 간 적이 있다. 나중에 생각하니 우리가 먹은 것은 생태탕이었다. 머리와 꼬리를 발라내시고 가운데 토막만을 먹게 해주었는데도 국물만 몇 수저 먹고 나왔다. 아버지는 몹시 언짢은 표정을 지으셨다.

"빌어 먹을 놈! 이런 것도 안 먹으면 뭘 먹느냐?"

당신의 특허품인 욕이 터져 나왔다. '빌어먹을 놈!' 참 많이 듣던 욕이다. 그 욕을 먹고 아들이 이만큼 컸다. 그러고 보면 부모님의 욕은 자식을 키우는 자양분이 아닌가 하는 생각이 든다. 부모님께 대단히 죄송했지만 난 비린 음식도 그렇게 싫어했다. 그래도 아버지는 내가 좋아하는 간식거리는 늘 챙기셨다. 길거리서 구워 파는 국화빵과 군밤을 수시로 사 오셨던 아버지. 그러던 당신은 일손을 놓음과 동시에 뇌출혈로 쓰러지셨다.

그 후 아버지는 큰형님의 정성스러운 간호로 일 년 만에 일어나셨다. 하지만 뇌 기능은 온전하게 회복하지 못했다. 천천히 혼자서 집 주변을 산책할 정도였다.

언젠가 부모님을 뵈러 가면서 간식으로 먹을 빵을 사 갔다. 어린아이처럼 맛있게 드시는 모습이 너무 보기 좋았다. 그다음부터는 갈 때마다 빵과 아이스크림까지 사갔다.

아버지가 하늘로 가신 지 어언 37년이다. 지금은 부모님 제사상에 빵을 빼놓지 않는다. 지난번에는 피자도 올렸다. 고리타분한 전통 음식보다는 예전에 나에게 고기를 먹이려고 애쓰시던 아버지처럼 신세대 음식 맛을 보여 드리고 싶어서다. 나만의 생각은 아니다. 가족 모두가 동의하고 있어 다행이다. 나이 많으신 형수님은 여전히 전 부치기를 계속하시지만….

아버지의 자식 사랑은 연줄처럼 길고 질기다. 그 질긴 사랑 덕인지 지금은 내가 음식을 가리지 않는다.

"아버지, 죄송하고 감사합니다. 비로소 제가 식성도 아버지를 닮았습니다."

세상의 문

일손을 놓으면서 뭔가를 배우고 싶었습니다. 그래서 경인교대 평생교육원 문예창작반에 등록하고 학교에 갑니다. 학교 정문을 들어서니 아이처럼 마음이 설렙니다. '학교'라는 울타리가 마음을 들뜨게 합니다.

학교 정문이 우람하지는 않습니다. 경비 아저씨는 초소 안에 앉아 자동차 정지 차단기를 올리면서 거수경례를 합니다. 나도 따라 묵례를 하지요. 수고하신다는 나의 감사 인사입니다. 그런데 경비 아저씨는 왜 나에게 경례를 하는지 알 수 없네요. 어서 오라는 인사인지, '너 이 안에서 나쁜 짓 하면 안 돼!'라는 경고인지 헷갈립니다. 그래도 안으로 들어서니 아늑하고 편안합니다. 그러고 보면 경비아저씨의 경례는 안과 밖의 경계입니다.

강의실도 안팎이 있습니다. 문을 열고 들어가니 교실 안은 더욱 편안합니다. 이렇듯 우리는 안과 밖을 하루에도 수십 번을 넘나듭니다. 물론 집 안에서도 안팎이 있지요. 어떤 누가 침입해도 깊은 안이라면 더 안전하지 않을까요.

그 누구는 참 많습니다. 무기를 들고 침입하는 사람도 있겠지만 바람이 적이고 소리도 적일 때가 있습니다. 더욱이 보이지 않는 먼지와 병균은 헤아릴 수 없습니다. 이 모든 것들의 일차적인 방어선은 바로 문입니다.

우리는 아침에 일어나서 저녁 잠자리에 들 때까지 온종일 문 안팎을 왔다 갔다 합니다. 분명 문은 들고 나는 경계입니다. 시작과 끝. 바로 그 공간이 문입니다. 문은 열리고 닫히는 게 정상입니다. 여는 때를 알고 닫는 때를 아는 게 인간의 지혜인 거고요. 그런데 우리는 그걸 잊고 있습니다. 필요해 열면서 닫는 것을 잊고 있습니다. 문을 열고 닫을 때는 내 편의만이 아닌 타인의 편의도 함께 헤아려야 합니다. 문은 우리가 함께 쓰는 것이니까요.

노자의 《도덕경》 1장에 이런 글귀가 있습니다. "衆妙之門(중묘지문)은 모든 것들이 들고 나는 공간이다." 들고 나는 일의 교차점, 그 지점이 곧 문입니다. 나고 죽고, 더 넓게 확장하면, 있고 없음의 경계입니다. 그러므로 문은 우리의 눈에 보이지 않아도 존재하는 구조물입니다.

옛날 철학자들의 이야기는 젖혀 두고, 학교에서 배운 지식도 접어 두고, 이런 이치는 부모로부터 배운 가정교육이라고 생각합니다. 추운 겨울날은 따뜻한 실내를 보존하고, 무더운 여름날은 시원한 실내를 계속 유지하게 하는 일. 따뜻하게 하고 시원하게 하는 일이 그냥 이뤄지는 건 아니지요. 다 돈 들여서 하는 일입니다. 내가 내는 세금이나 나의 주머닛돈으로 이뤄진 일입니다. 그런데도 문 여닫는 것과 돈하고의 관계는 전혀 생각하지 않습니다. 모두가 눈앞의 편안함만 추구합니다.

  나는 대중교통을 많이 이용합니다. 대중교통을 이용하다 보면 예절을 지키지 않는 무례한 사람들을 많이 만나게 되지요. 요즘은 대중교통도 냉난방이 잘 됩니다. 무더운 여름날 버스 안에 냉방이 되는데도 창문을 여는 사람이 있습니다. 더 시원하길 바라고 문을 열겠지만 실제 그렇지는 않습니다. 다른 사람의 감정은 전혀 개의하지 않겠다는 심사心思지요. 그런 사람들이 차에서 내릴 때는 대부분 그냥 내리고 말더군요. 그 창문은 누가 닫을까요. 더욱이 지하철에서 칸과 칸 사이를 이동할 때 열었던 문을 그냥 두고 건너갑니다. 열차는 빠른 속도로 달려 찬 바람과 더운 바람을 뒤 칸으로 빨려들게 만듭니다. 노약자석에 앉아 있는 사람의 괴로움은 전혀 고려하지 않고, 자신의 편의만 생각하지요. 세상살이에 꼭 필요한 문, 제대로 여닫을 줄 알아야겠지요. 머문 자리가 아름다워야 삶이 아름답습니다.

  강의실에서도 마찬가지입니다. 찬 바람과 더운 바람, 사람이 같이 드나들지요. 닫고 나가는 사람 드물더군요. 우리말에 그런 사람을 두고 여우 꼬리 달렸냐고 합니다. 긴 꼬리 달린 하얀 여우라면 귀엽기라도 하지요. 그렇지 않기에 눈총을 받습니다.

문이 어디에 어떻게 있든 자동문이라면 문제가 되지 않습니다. 사람의 마음에도 자동문이 있다면 얼마나 좋을까 상상해 봅니다. 나쁜 생각을 닫게 하고 남에게 실례되는 일을 하지 않게 하는 마음의 자동문. 그런 문을 내 마음에 설치한다면 세상이 얼마나 아름다워질까 그런 공상을 해봅니다. 거꾸로도 생각해봅니다. 세상 문이 모두 자동이라면 재미가 없을지도 모른다는, 그런 생각 말입니다. 좋은 일도 있고, 나쁜 일도 있고, 또 싸움질도 하고. 그러면서 세상이 굴러가니까요. 아마 조물주가 두루 생각해 세상을 빚었겠지요.

평소 대중이 통행하는 문을 유심히 살피기도 합니다. 문을 여닫는 것은 자신의 마음을 여닫는 것과 같다는 생각입니다. 사소하게는 문을 여닫는 일이지만 그 사람의 성품도 볼 수 있습니다. 문을 확 열어젖히는 사람과 쾅 닫는 사람은 성품 어디에 모남이 있지 않을까요. 반대로 조심스럽게 여닫는 사람은 꼭 양처럼 보이는 것은 제 느낌이 유별나기 때문일까요.

사람이 사는 곳에 수많은 문이 있습니다. 은행의 금고문이 있고, 죄를 지으면 들어가는 감옥문이 있습니다. 수문이란 것도 있지요. 하천을 막아 물을 편리하게 사용하기 위해 둑에 설치하는 것이지요. 넘치면 문을 열고 모자라면 닫아야 합니다. 사람에게도 문이 있습니다. 입도 문이고, 마음도 문이지요. 저승에 갈 때까지 써야 하니 소중히 아껴 써야지요. 여러분은 문을 어떻게 여닫고 계신지요. 저도 깊이 고민해봐야겠습니다.

서울행 완행열차

혼자 떠난 여행은 천리 길 서울이었다. 초등학교 4학년 겨울방학 때. 땅끝이 가까운 마을에서 서울까지는 두려움과 설렘의 길이었다.

어릴 때 서울이란 곳은 모든 게 궁금했다. 또한 아버지가 어떻게 사시는지 보고 싶기도 했다. 그동안 내가 갔던 가장 먼 길은 해남 읍내가 고작이었다. 그 길도 자그마치 50리 길. 어린 나이에 벅찬 길이었다.

작고 깡마른 체구의 촌놈이 조그만 책 보따리 하나 끼고 우리나라에서 제일 큰 도시를 혼자 간다는 것은 큰 모험이었다. 나보다 아홉 살 많은 큰누나는 못내 못 미더워 몇 번씩이나 당부했다.

"누가 어떤 말을 해도 따라가서는 안 된다."

"염려 말아요."

야무진 척 누나에게 주먹을 치켜세우며 집 앞을 지나는 버스에 올랐다. 한 시간 거리의 해남읍에서 다시 광주 가는 버스로 바꿔 탔다.

그다음 읍내에서 영산포까지 두 시간, 기차역까지 가는데 세 시간 동안이나 덜컹거리는 버스에 시달렸다. 당시 모든 길은 비포장도로였다. 기차를 타려면 그렇게 멀리 가야 했다.

처음 보는 영산강, 강 위의 긴 다리를 걸어서 건넜다. 강가 포구에 매여 있는 배를 다리 위에서 유심히 내려다보았다. 배를 보는 것도 처음이었다. 낯선 사람들에게 길을 물으며 역을 찾아갔다. 교과서에서만 본 기차. 기차가 서는 정거장을 역이라고 말하는 것도 그때야 알았다. 서울 가는 기차는 한 시간을 기다려야 했다. 그 기다림은 하루보다 더 길게 느껴졌다.

그동안 나는 마당에서 보이는 넓은 들녘과 그 들녘 너머 있는 산 아래 큰 마을만을 바라보고 살았다. 그 동네도 아스라이 멀어 보였다. 매일 같은 풍경만 보고 살다가 달리는 기차 안에서 보는 풍경은 모든 것이 새롭고 신비로웠다. 책을 읽으며 마음에 들어온 호기심들이 한꺼번에 펼쳐져 있었다.

영산포역 안은 사람이 별로 많지 않았다. 나도 어른들을 따라 표를 샀다.

"아저씨, 저 혼자예요. 서울 가는 표 한 장 주세요."

"뭐야! 너 혼자 가?"

"네, 혼자 가요. 아버지한테 가요."

"그래?"

아버지에 대해 이런저런 사정을 물었다. 그런 후 빙그레 웃으면서 표를 내주는 것이 아닌가. 초라하게 생긴 초등학교 4학년 아이 혼자 서울에 간다는 것이 대견했던 모양이다. 당시의 복장은 초등학생들의 검은색 교복이었다. 그때는 지금처럼 덤으로 입는 점퍼가 없었다. 표를 잃어버리지 않아야 한다는 생각으로 깊숙한 곳을 찾았지만 기껏해야 바지주머니뿐이었다.

  12월 말의 날씨는 매서웠다. 그래도 춥다는 것을 잊고 오로지 제시간에 오는 기차를 타야 한다는 생각뿐이었다. 대기실에는 빈 의자도 있었지만 긴장되어 계속 서성거렸다. 대기하고 있는 사람들은 모두 나만 쳐다보는 것 같았다. 어떤 사람은 왜 혼자 가느냐고 묻기도 했다.

  해 질 녘이 가까워지자 사람들이 밀려들었다. 오는 사람마다 물건 팔러 가는 장돌뱅이들 같았다. 역무원 아저씨가 개찰한다고 외쳤다. 나는 그 말이 무슨 말인지 몰랐지만 사람들이 우르르 출구 쪽으로 줄을 서기에 나도 그 틈에 끼어 승강장으로 나갔다. 처음 본 역무원 아저씨 제복은 경찰이나 군인 아저씨보다 훨씬 멋져 보였다.

  잠시 뒤, 아저씨는 빨간 삼각 깃발을 들고 호루라기를 불며 승차장 턱에서 물러서라고 소리쳤다. 이윽고 뿡! 뿡! 기적을 울리며 하얀 김을 푹푹 내뿜으며 기차가 달려왔다. 정말이지 맨 앞의 기관차는 무섭게 보였다. 그런데 이 기차는 분명히 서울 가는 방향이 아니라는 느낌이 들었다. 서울 방향이라면 북쪽으로 가야 하는데 기차는 남쪽을 향했다. 그래 역무원 아저씨에게 달려가 물었더니 목포로 가는 것이란다. 하마터면 난 삼천포로 빠질 뻔했다.

매년 겨울이면 동네 친구들과 지도책을 펴놓고 지명 찾기 놀이를 했다. 우리나라뿐이 아니고 전 세계 도시를 찾아 헤맸다. 그래서 지금 있는 영산포가 어느 위치에 있고, 광주가 어디쯤인지 또 서울을 가려면 어떤 도시들을 거쳐 간다는 것까지 다 알고 있었다. 그런 놀이도 공부였다.

얼마간의 시간이 지나고 북쪽으로 가는, 진짜 서울 가는 기차가 씩씩거리며 나타났다. 서로 먼저 타려고 아우성을 쳤다. 왜 그런지 알 수가 없었다. 짐이 없는 나는 어른들보다 쉽게 탈 수 있었다. 객실에 들어서도 사람들에게 떠밀리어 자꾸 안으로 들어갔다. 어른들 틈에 끼어 가만히 서 있으면 되었다. 그런데 빽빽이 들어찬 사람들을 헤치고 장사꾼이 너무 많이 다녔다. 이리저리 밀치며 그들은 잘도 다녔다.

"오징어, 사과 있어요. 심심풀이 땅콩 있어요."

시끄럽다고 불평하는 사람은 아무도 없었다. 기차가 정거장에 멈출 때마다 차창 밖에서는 먹을거리를 사달라고 소리쳤다. 집을 나설 때 누나는 내게 당부를 했다. 절대로 물을 마시지 말라고. 열차 안에서는 화장실 가기가 어렵다고. 누나 말대로 물을 마시지 않았더니 소변은 마렵지 않았다. 대신 밤새도록 사람 속에 묻혀 있다 보니, 피곤하고 다리가 몹시 아팠다. 주저앉고 싶었다. 배도 고프고 갈증이 났다. 용기를 내 사과 한 꾸러미 사서 달랑 한 개만 먹었다.

기차가 멈출 때마다 머릿속에서는 지도가 그려졌다. 지금은 어디쯤이고, 앞으로 어디 어디를 지나야 서울에 도착한다는 것도 알고 있었다. 다행히 그런 생각들이 힘든 시간을 견디게 했다.

이리역은 안개 속 불빛이 외로워 보였다. 대전역은 휘황찬란한 불빛으로 생동감이 넘쳤고, 수원역은 도착하기 전에 펼쳐진 넓고 긴 불빛 속에 군인 차가 많아 무척 인상적이었다. 수원을 지나며 긴장이 풀리기 시작했다. 도시 생활이 더욱 궁금했다. 얼마 남지 않았다는 생각으로 다음에 이어지는 도시 이름을 생각해 보았다. 노량진을 지나며 한강철교에서는 기차 바퀴 소리가 더욱 요란스러웠다. 철길의 이음 마디에 부딪히는 바퀴는 마지막 힘을 쏟는 것 같았다. 사람들은 서울에 다 왔다고 웅성거리고, 짐을 챙기기 시작했다. 그런 모습을 보니 정말 서울에 왔다는 느낌이 들었다. 그런데 왠지 걱정되었다. '마중 나온다는 작은누나를 만나지 못하면 어쩌나 싶은 불안이었다. 만약에 누나를 만나지 못하면 8시까지 기다렸다가 아버지께 전화해야 했다. 아버지 전화번호를 주문처럼 거듭 외웠다.

난생처음 타본 3등 완행열차는 새벽 5시에 도착했다. 기차는 11시간이나 달렸다. 사람들이 가는 대로 물결처럼 밀려갔다. 밤새도록 마음 졸이며 간직한 표를 주고 출구를 나서는데, 누군가가 뒤에서 윗옷을 확 당겼다. 놀라 돌아서는데 내 이름이 들렸다. 누나였다. 반가운 누나, 미용학원에 다닌다는 작은누나였다.

아직 컴컴한 새벽이었다. 누나 손을 잡고 수많은 차가 지나는 큰길 신호등 앞에 섰다. 태어나 처음으로 파란 신호등이 켜질 때 횡단보도를 건넜다. 콧속으로 느껴진 매캐한 도시 서울, 냄새는 아직도 짜릿하게 뇌리에 박혀 있다. 서울행 완행열차, 땅끝 마을 촌놈은 그렇게 서울 맛을 봤다.

사라진 소리들

 기억 속의 소리들이 있다. 지금은 어디에서도 들을 수 없는 정겨운 소리들…. 새벽이면 들렸던 핑경* 소리, 핑경은 소의 목에 달아주는 방울이다. 그 방울 소리의 정감은 얼음처럼 차고, 산골에 흐르는 맑은 물소리와 같은 느낌이다. 근데 골목에서 울리는 워낭소리는 왠지 더 크게 들렸다. 손에 들고 다니면서 댕그랑…! 댕그랑…! "두부 사세요." 몇 발짝 가다가는 또 댕그랑…. 댕그랑…. 느린 걸음으로 골목을 누비며 천천히 흔드는 종소리. 새벽 골목을 깨우는 소리였다.
 사라진 소리는 많다. 이른 출근 시간쯤에 들리는 종소리. 그 소리는 성질 급한 사람이 서둘러대는 소리 같았다. 댕댕댕댕…! 정말 급해서 그런지 정신없이 흔들고 다녔다. 다름 아닌 쓰레기 수거차에서 들려오는, 골목을 흔드는 종소리였다. 집 안 쓰레기를 가지고 나오라는 신호였다. 사람들은 쓰레기 상자를 들고 쓰레기차 있는 곳으로 모여들었다. 당시 쓰레기통은 대개 널빤지로 된 사과상자를 이용했다. 쓰레기의 대부분은 연탄재, 10% 정도만이 일반 쓰레기였다. 하기야 그 시절에는 너나없이 가난했기에 버릴 물건도 별로 없었다.

작업자들은 모인 쓰레기 상자를 하나씩 차 위로 던져 올렸다. 어쩜 박자가 그렇게 잘 맞는지. 밑에서 "영차" 하며 던져 올리면 차 위에서 "영차" 하고 받아서 쓰레기를 비우고 빈 상자를 아래로 던져주는데 호흡이 척척 맞았다. 마치 야구의 투수와 포수처럼…. 그들은 연탄재 먼지 따위는 대수롭지 않게 여겼다. 가족을 위한 노동은 찬 바람과 뙤약볕을 가리지 않았다.

느긋한 소리도 있었다. 큰 징을 어깨에 메고 다니면서 퉁…! 하고 치면 황소울음처럼 소리가 울려퍼졌다. 징채를 두꺼운 헝겊으로 감싸 그 음은 깊고 부드러웠다. 마치 깊은 산속에서 울려오는 범종의 울림 같았다. 오른쪽 어깨에는 징을 메고, 손에는 징채를 잡고, 왼쪽 어깨는 도구를 맸다. 긴 왕대나무를 네댓 쪽으로 쪼개어 곱게 다듬었다. 굴렁쇠 모양 둘둘 말은 대나무 도구 끝은 방울 같은 모양의 걸레를 매달았다. 걸레는 새까맸다. 대체로 앞쪽에 채양 달린 모자를 쓰고 다니는 사람은 연탄 배달원처럼 얼굴이 거뭇거뭇 얼룩졌다. 천천히 다니면서 큰 소리로 "굴~뚝!" 하고 외치던 나이 많은 분은 굴뚝 청소하는 아저씨였다.

냄새 진동하는 소리도 있었다. 목소리를 가다듬고 두툼한 목소리로 후미진 골목을 좇는 사람들. 질통 두 개를 어깨에 메고 통나무 같은 목청을 높였다. "똥~퍼!" 몇 걸음 가다가 "똥 퍼!" 마스크도 쓰지 않고 인분을 비좁은 골목마다 퍼날랐다. 집집이 있는 재래식 화장실 똥을 퍼 갔던 사람이다.

나무 한 그루 없는 삭막한 골목에서 들리던 소리, 지금은 결코 어디서도 들을 수 없는 애달픈 소리다. 너나 나나 판잣집 늘어선 골목에서 가난을 겪던 시절. 아직 산업화가 이뤄지지 않은 우리 사회의 한 단면이었다. 시골에서 가족을 이끌고 올라온 가장들이 부양의 책임을 다하기 위해 그런 일도 마다하지 않았다.

그 외에도 많은 소리가 사라져버렸다. 엿장수의 가위질 소리가 없어졌고, 대체로 단정한 복장으로 "채권 삽니다"라고 외치고 다니던 채권 장수의 외침도 들리지 않는다. "머리카락 삽니다"라는 외침도, 김장철이면 "소금 왔습니다"라는 외침도 아스라이 귀에서 멀어져 갔다.

내가 처음 서울 왔을 때만 해도 리어카가 많지 않았다. 그러다가 고무 타이어가 달린 손수레가 보급되면서 골목은 채소 장사들의 외침이 점점 커졌다. 각종 채소의 이름을 크게 외치기 시작하자 골목은 시도 때도 없이 시끄러워졌다. 자동차 산업이 발달하면서 트럭에 마이크까지 동원되어 골목에 사는 초파리들이 놀라 어디론지 사라졌다.

새벽 워낭 종소리를 들은 지도 어언 60여 년의 세월이 흘렀다. 그 소리 중에 맨 먼저 사라진 소리는 큰 징을 치며 외치던 "굴뚝~" 하던 소리이고, 뒤따라 "똥퍼~", 쓰레기 수거차의 "댕댕댕댕" 소리가 사라졌다. 그 외 많은 소리들이 문명에 밀려 하나둘씩 사라졌다.

그래도 여태 남아 있는 소리가 있다. 저녁 먹고 출출할 때쯤 들리는 소리. "찹쌀떡~" 외침은 아직도 귀에 익다. 그마저 부자 동네에서는 진즉 사라졌고 서민 동네에서나 겨울이면 듣곤 한다. 전술한 골목 속 풍경은, 1964년 겨울부터 서울에 살면서 보고 듣고 느낀 모습이다. 서울역 뒤편(서부역) 만리동과 서계동 사이의 골목에서 들렸던 소리이자 사라진 소리. 요즘 아이들에게 이런 이야기를 들려준다면 신기하다 할까 아니면 꼰대 말씀이라 할까.

사라진 소리는 모두 삶의 외침이었다. 소리도 임무 교대를 한다. 오늘날 골목에선 자동차 엔진소리가 끝없이 붕붕댄다. 추억의 소리는 하루하루 사그라들고, 전자 문명에 길든 세대는 방울 소리의 애환을 알지 못한다. 소리는 곧 시대의 자화상이다.

* '워낭'을 내 고향 할머니 들은 '핑경'이라고 불렀다.

아버지의 뿌리

따스한 봄볕을 머리에 이고 고향 친구와 함께 삼성산을 걷는다. 이런저런 이야기를 주고받다가 친구가 내게 묻는다. 너의 가족 뿌리는 어디냐고. 남들은 친척이 다 있는데 너는 왜 고향에 친척이 없느냐고 종종 묻던 것을 또 궁금해한다. 어릴 적 나도 우리 집 뿌리가 궁금했다. 다른 집들과 달리 우리 집만 외톨이 집안 같아서였다.

초등학교 다닐 때, 넓은 운동장에 아이들이 빼곡했다. 그 많은 아이들 중에 한韓 씨는 우리 형제들뿐이었다. 중학교에 다닐 때도 마찬가지였다. 고등학교를 서울에서 다닐 때는 딱 한 명 만났다. 같은 반이었는데 그의 선조들은 공덕동에서 내내 살았단다. 같은 성姓 씨라고 아주 친하게 지냈다. 월남 전선에서도 또 한 사람을 만났다. 나보다 1년도 후임이었는데, 그의 고향은 원주라고 했다. 이렇듯 어디를 가나 같은 성姓 씨를 만나기가 어려웠다. 그렇다 보니 우리 한韓 씨들은 외톨이가 많았다.

할아버지도, 증조할아버지도 대대로 독자였다. 몇 대째 혈족이 끊어지지는 않고 근근이 이어졌다. 할아버지는 혼인 후 자식을 두지 못해 먼 친척의 아들을 입양했다. 그런 뒤 몇 년 후 아버지가 태어났다. 그런데 아버지가 겨우 첫돌이 지날 무렵 할머니가 가출을 했다. 사연의 속내는 알 수 없지만 할아버지 가슴에 대못을 박고 자식까지 버린 것이다.

아버지는 1912년생이다. 1910년 한일합병조약 직후라 수소문하여 찾는다는 것도 뭐하고, 우선 남부끄러웠단다. 그 후, 할아버지는 관직과 재산을 다 버리고 스스로 아무도 만날 수 없는 제주로 '귀양'을 택했다고 한다. 그건 가족의 뿌리가 뽑히는 순간이었다.

낯선 곳에서 갓 돌 지난 아이를 혼자 키우는 건 할아버지에게 벅찬 일이었다. 어쩔 수 없어 새 아내를 맞이했다. 아버지의 계모였다. 내가 조금 컸을 때 아버지는 새어머니에게서 받았던 어린 시절 이야기를 하곤 했다. 잊히지 않는 학대와 채울 수 없는 배고픔, 칼날처럼 추웠던 바닷가의 회억…. 엄동설한에도 홑바지 하나 입히고 2~3일씩 굶기는 일은 예사였다고 한다. 그렇게 굶긴 뒤에는 큰 냄비에 꽁보리밥을 그득 삶아 된장과 풋고추만 주면서 먹으라고 윽박지르고, 다 먹지 않으면 육체적 고통까지 가했다. 그렇게 험난했던 어린 시절을 이야기하면서 나에게 신신당부를 한 것이 있다. 장성하여 결혼해 가정을 이루면 절대로 아내와 헤어지는 일은 하지 말라고. 만약에 그런 일이 생긴다면 새로 태어난 아이들은 당신처럼 고통을 받을 거라고 했다. 어린 시절 몇 해를 제주 애월에서 아프게 보내다가 할아버지는 부산으로 이사를 했다.

부산은 우리 가족 호적이 있던 곳이다. 아버지는 소학교를 다니면서 학교 야구 대표선수를 했단다. 그것도 4번 타자로. 그런 연유인지 아버지는 나이 50 초반에도 자식들과 함께 빈터에서 야구를 즐겼던 일이 아직도 생생하다. 아버지는 소학교를 졸업하고 다시 일본 오사카로 갔다. 그곳에서 청년 시절을 보내며 단란한 가정도 이뤘다. 그 당시 일본 사회는 전쟁의 아수라장. 아무리 일본 국민들이 의기충천해 있어도 일본이 패할 것이란 사실이 빤히 보였단다.

그곳에서 조센징이란 멸시를 받으며 기술자로 열심히 사셨다. 학교나 관공서에서 사용하는 여러 가지 문구 도구를 만드는 일을 하셨다. 각 기관의 관공서에 납품도 하고, 문구 도매하는 곳에 판매해 많은 돈을 벌었다고 하셨다. 그 어수선한 전쟁 중에도 공장은 3륜 화물자동차를 가지고 있을 만큼 사업이 컸다고 하셨다. 20여 년의 타국 생활을 정리하고 대구로 이사를 했다. 입양된 형과 재산 갈등이 생겼다. 아니, 형이 아니고 형수와 갈등이 컸다고 했다. 결국 이런저런 갈등으로 해남으로 갔다. 그곳은 나의 외할머니 고향이었다. 오직 농사만 할 수 있는 곳. 농사를 지어본 적 없는 아버지는 뿌리를 내릴 수 없었다. 전혀 해보지 않은 농사일. 이방인은 물꼬 싸움에서도 언제나 외톨이였다. 그사이 6.25전쟁이 일어났고, 뿌리가 단단한 현지인은 외지인을 더욱 배척했다. 낯설고 비빌 언덕이 없던 곳, 아버지는 나를 초등학교에 입학시키고 또다시 서울로 떠나야 했다. 그때 아버지는 마흔두 살이었다.

홀로 상경한 아버지는 성실함을 무기로 건축 현장에서 삶의 터전을 마련했다. 가족 모두가 서울로 왔을 때는 상당한 재산을 모은 상태였다. 하지만 아버지는 인복이 없었다. 아버지 밑에서 일하던 사람이 상당한 돈을 가지고 사라져버렸다. 믿었던 사람에게 받은 상처는 큰 고통이었다. 경찰도 도망간 사람을 찾아내지 못했다. 경제적 쪼들림, 언제나 혼자였던 아버지는 얼마 만에 다시 오뚝이처럼 일어섰다.

나의 아버지 이야기를 들은 친구가 한마디로 정리한다.
"네 아버지는 방랑자였구나."
친구는 나의 아버지를 정처 없이 떠돈 방랑자로 이해했나 보다. 아버지의 삶은 방랑이 아닌 투쟁이었다. 살기 위한 몸부림, 자식을 키우기 위한 절규였다. 동시에 외로움과 고독을 이겨내고자 하는 자신과의 처절한 싸움이었다.

나는 우리 가족의 뿌리가 어디에 있는지 잘 모른다. 다만 아버지 삶의 궤적을 존중할 뿐이다. 나의 아버지는 곧 나의 뿌리이다.

한경화 수필집

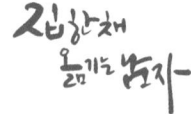

초판인쇄 │ 2021년 9월 5일
초판발행 │ 2021년 9월 9일
지 은 이 │ 한경화
펴 낸 이 │ 김경희
펴 낸 곳 │ 말그릇
    (우)02030 서울시 중랑구 공릉로 12가길 52~6(묵동)
    전 화 │ 02-971-4154
    팩 스 │ 0504-194-7032
    이메일 │ wjdek421@naver.com
    등록번호 2020년 1월 6일 제2020-3호

ⓒ 2021 한경화
값 13,000원

ISBN 979-11-969727-2-1 03810

• 저자와 합의하에 인지는 생략합니다.
• 잘못된 책은 구입하신 곳에서 교환해드립니다.

이 도서의 국립중앙도서관 출판예정도서목록(CIP)은 서지정보유통지원시스템 홈페이지
(http://seoji.nl.go.kr)와 국가자료종합목록 구축시스템(http://kolis-net.nl.go.kr)에서
이용하실 수 있습니다.